2015年度 まるわかり！
介護保険制度改正のすべて

もう介護報酬のアップは期待できない！
――ビジネスチャンスを拡げる**個性化経営**へ

小濱道博
小濱介護経営事務所 代表

日本医療企画

はじめに

　2000（平成12）年にスタートした介護保険制度は、15年の節目となる2015（平成27）年に大きく変貌します。先に見えているのは、日本人の3人に1人が65歳以上となる超高齢社会と大幅な人口減少です。その分岐点となるのは10年後の2025（平成37）年です。この10年の間に何ができるでしょうか。

　今後、介護保険制度はその生き残りをかけてさらに大きく変貌していきます。今回の大改正はその序章に過ぎません。介護事業の経営者の多くは、今は運営だけをしています。これからは経営をすることが求められます。

　では、経営と運営は何が違うのでしょうか。一般に経営とは「利益」を管理し、運営とは「収入」を管理すると言われています。経営者は、売り上げの大小に目が行きがちです。収入だけに目を奪われると、今回の大きな介護保険法の改正と介護報酬改定は、収入を大幅にダウンさせるものに映ります。収入を伸ばすどころか、現状維持さえも厳しい内容で、意気消沈する経営者は多いでしょう。これは介護保険制度にどっぷりと浸かった運営をしているからです。

　介護サービスは介護保険サービスだけではありません。介護保険外のいわゆる自費サービスも介護サービスです。介護保険制度の改正で減った利益を介護保険外サービスで取り戻そう、今の財（人、物、お金）を使って何ができる？　いや、これは逆にビジネスチャンスだ――こう考えるのが経営です。狭い部屋の中に閉じこもっていないで、一度、外に出てみませんか。そこには大きな景色が拡がっています。その景色を見るために一歩踏み出すきっかけと本書がなることができたら幸いです。

　　　　　　　　　　　　　　　　　　　　　　　　　　小濱　道博

目　次

はじめに・・・・・・・・・・・・・・・・・・・・・・・・・・・・1

第Ⅰ編　2015（平成27）年度 介護保険法改正の経緯と今後の流れ

第1章　2015（平成27）年度改正法成立までの経緯 ・・・・・・・8
1．国民会議と介護保険部会 ・・・・・・・・・・・8
2．国会審議 ・・・・・・・・・・・・・・・・・・8
3．成立後の流れ ・・・・・・・・・・・・・・・・9

第2章　改正の趣旨と地域包括ケアシステム ・・・・・・・・・・11
1．改正の趣旨 ・・・・・・・・・・・・・・・・・11
2．地域包括ケアシステム ・・・・・・・・・・・・11
3．地域包括ケアと超高齢社会の現実 ・・・・・・・13
4．支援の順序 ・・・・・・・・・・・・・・・・・18

第Ⅱ編　2015（平成27）年度 介護保険法改正の解説

第1章　介護福祉士の資格取得方法の見直しと期日の変更 ・・・・・・22
第2章　介護保険制度改正における費用負担に関する事項等について ・・24
1．自己負担2割の該当基準と取り扱い ・・・・・・24
2．高額介護サービス費の上限額の設定 ・・・・・・28
3．利用者負担を2割とする理由 ・・・・・・・・・29
4．2割負担対象者の収支状況の実際 ・・・・・・・31
5．自己負担の増加で考えられる影響①――利用控え ・・・・33
6．自己負担の増加で考えられる影響②――事業所の選別 ・・35
第3章　第1号保険料の多段階化と公費による保険料軽減の強化 ・・・37
第4章　介護老人福祉施設（特別養護老人ホーム） ・・・・・・・・40
1．特別養護老人ホームに要介護3以上の入居制限 ・・・・・40

2．特別養護老人ホームの待機者が52万人超の現実 ・・・・42
　　　3．施設が特例入所を決定する際の手続き ・・・・・・・・43
第5章　特定入所者介護(予防)サービス費の見直し ・・・・・・・45
　　　1．補足給付の評価に資産を勘案 ・・・・・・・・・・・・45
　　　2．配偶者の所得の勘案 ・・・・・・・・・・・・・・・・48
　　　3．預貯金等の勘案 ・・・・・・・・・・・・・・・・・・48
　　　4．非課税年金の勘案（2016〈平成28〉年8月施行）・・・・52
　　　5．資産勘案等の見直しの理由 ・・・・・・・・・・・・・53
　　　6．移行時期の特例 ・・・・・・・・・・・・・・・・・・53
第6章　住所地特例の見直し ・・・・・・・・・・・・・・・・・55
　　　1．サービス付き高齢者向け住宅の住所地特例の適用（賃貸借契約）・・・55
　　　2．住所地特例対象者の地域密着型サービス等の利用 ・・・・57
第7章　ケアマネジメント ・・・・・・・・・・・・・・・・・・60
　　　1．居宅介護支援の指定権限が都道府県から市町村へ移譲 ・・60
　　　2．介護支援専門員実務研修受講試験の受験要件の見直し ・・62
　　　3．介護支援専門員の研修カリキュラムの見直し ・・・・・63
　　　4．主任介護支援専門員に更新制の導入 ・・・・・・・・・66
　　　5．課題整理総括表とモニタリング評価表 ・・・・・・・・67
　　　6．ケアプランの適正化に向けた取り組みの推進 ・・・・・69
　　　7．地域ケア会議の制度化 ・・・・・・・・・・・・・・・72
第8章　通所介護 ・・・・・・・・・・・・・・・・・・・・・・75
　　　1．小規模通所介護の地域密着型通所介護への移行 ・・・・75
　　　2．地域密着型通所介護の移行はみなし指定 ・・・・・・・78
　　　3．地域密着型通所介護に移行した場合の事業所経営への影響 ・・79
　　　4．地域密着型サービスの運営推進会議の開催義務 ・・・・81
　　　5．小規模通所介護の移行先（サテライト型）・・・・・・・83
　　　6．お泊まりデイサービスの届出・公表制の導入 ・・・・・86
　　　7．お泊まりデイサービスの実地指導 ・・・・・・・・・・88
第9章　介護予防・日常生活支援総合事業とガイドライン・・・・・89
　　　1．総合事業への移行対象サービス ・・・・・・・・・・・89
　　　2．新しい総合事業の概要 ・・・・・・・・・・・・・・・94

3. 総合事業への移行とみなし指定・・・・・・・・・ 97
4. 総合事業の事業内容・・・・・・・・・・・・・ 103
5. 報酬単価と利用料および給付管理・・・・・・・ 111
6. 総合事業の適切かつ有効な実施を図るための必要な指針の公表・・ 117
7. 総合事業の財源・・・・・・・・・・・・・・・ 118
8. 地域支援事業の事業費の上限・・・・・・・・・ 121
9. 実施する事業の質の評価・・・・・・・・・・・ 126
10. 総合事業の利用とケアマネジメント・・・・・・ 127
11. 生活支援サービスコーディネーターと協議体・・ 136
12. 住民主体の支援活動の推進・・・・・・・・・・ 140
13. 地域ケア会議、既存資源、他施策の活用・・・・ 142

第Ⅲ編　介護保険法外の動向

第1章　地域包括ケアと日本再興戦略・・・・・・・・ 146
1. 地域包括ケアの推進・・・・・・・・・・・・・ 146
2. 日本再興戦略・・・・・・・・・・・・・・・・ 149

第2章　混合介護と高齢者市場におけるビジネスチャンスの拡大・・ 151
1. 混合介護の概念の登場・・・・・・・・・・・・ 151
2. 混合介護とは何か・・・・・・・・・・・・・・ 151
3. 混合介護の事業展開での問題・・・・・・・・・ 155
4. 介護保険制度改正の内容と環境変化・・・・・・ 156
5. 公的保険外のサービス産業の活性化へ・・・・・ 157
6. 拡がるビジネスチャンス・・・・・・・・・・・ 159

第3章　非営利ホールディングカンパニー型（HDC）法人・・・・ 161
1. ポジティブなまちづくり・・・・・・・・・・・ 161
2. 非営利HDCはショッピングモール・・・・・・ 161
3. 非営利HDCのメリット・・・・・・・・・・・ 162
4. 医療法と社会福祉法の2形態・・・・・・・・・ 163

	5．非営利ＨＤＣの今後の論点と営利法人での対応 ・・・・	164
第4章	社会福祉法人の在り方の改革 ・・・・・・・・・・・・・	166

第Ⅳ編　これからの介護事業経営

第1章　事業経営の成功法則・・・・・・・・・・・・・・・・・168
　1．意識を変えるということ　・・・・・・・・・・・・・170
　2．利益の考え方と意識改革の必要性　・・・・・・・・・172

第2章　介護報酬依存体質からの脱却・・・・・・・・・・・・180
　1．介護事業所のコンビニ化　・・・・・・・・・・・・・180
　2．経営のリスク分散を図る　・・・・・・・・・・・・・182
　3．事業規模の多角化、拡大策　・・・・・・・・・・・・183
　4．24時間サービスへの取り組みが急務　・・・・・・・・185
　5．商業の発展の教訓　・・・・・・・・・・・・・・・・186
　6．プロとしての自覚による自費サービス　・・・・・・・187

第3章　これからの介護事業経営・・・・・・・・・・・・・・188
　1．団塊の世代のニーズへの対応　・・・・・・・・・・・188
　2．制度改正と成長分野　・・・・・・・・・・・・・・・188
　3．介護サービスの見える化　・・・・・・・・・・・・・189
　4．介護保険制度を知らない人々へ　・・・・・・・・・・191
　5．介護報酬のアップを期待してはいけない　・・・・・・192
　6．在宅サービスの新ビジネスモデル　・・・・・・・・・193
　7．経営計画を作る　・・・・・・・・・・・・・・・・・195
　8．個性を作り、外に向けて発信する　・・・・・・・・・197

おわりに・・・・・・・・・・・・・・・・・・・・・・・・・199

表紙デザイン：梅津　幸貴
©sherry_1113-Fotolia.com

本文DTP・デザイン：タクトシステム株式会社

第Ⅰ編

2015（平成27）年度
介護保険法改正の経緯と
今後の流れ

第1章 2015（平成27）年度改正法成立までの経緯

1. 国民会議と介護保険部会

　「地域における医療及び介護の総合的な確保の促進に関する法律」の成立までの経緯を見てみよう。内閣に設置された社会保障制度改革国民会議において、2012（平成24）年11月から2013（平成25）年8月に渡る審議を経て、報告書が2013年8月6日に取りまとめられた。その後、厚生労働省（以下、厚労省）の社会保障審議会介護保険部会により2013年11月まで審議された結果が、2013年12月20日「介護保険制度の見直しに関する意見」として取りまとめられた。その後、厚労省によって取りまとめられた介護保険法改正法案は、2014（平成26）年2月12日「地域における医療及び介護の総合的な確保を推進するための関係法律の整備等に関する法律案（医療介護推進法案）」として閣議決定され、同日中に通常国会の審議に回った。

2. 国会審議

　この法律案は、介護保険法改正法案を含む医療法と介護保険法に関連する法案が19本も束ねられて同時に国会で審議されるという、過去にあまり例のない一括法案であった。2014（平成26）年4月1日、衆議院の厚生労働委員会において本格審議が開始され、質疑、公聴会などの所定の手続きを経て、2014年5月14日に自民党、公明党以外の全野党が反対の中で委員会にて強行採決が取られる。翌15日の衆議院本会議で可決の上、参議院審議に回った。参議院の厚生労働委員会においての質疑、公聴会などを経て、2014年6月17日に委員会採決。翌18日に参議院本会議において可決（**図表Ⅰ-1-1**）。参議院においては特に混乱もなく可決されたが、その理由は、野党側が提出した同法案に対する附帯決議も参議院本会議において可決した

ことにある。

　附帯決議自体には拘束力はないが、法案に注文を付けたという記録は残る。自民党・公明党で半数以上を占める安定政権下で、附帯決議の採決を自民党・公明党の賛成を含めての可決したことで野党は実を取ったといわれている。

【図表Ⅰ-1-1】　法改正の経緯

2013（平成25）年8月6日	社会保障制度改革国民会議　意見書
2013（平成25）年12月20日	介護保険部会「介護保険制度の見直しに関する意見」
2014（平成26）年2月12日	改正法案閣議決定
2014（平成26）年2月12日	改正法案　通常国会にて議案受理
2014（平成26）年4月1日	衆議院厚生労働委員会にて審議開始
2014（平成26）年5月14日	衆議院厚生労働委員会にて強行採決
2014（平成26）年5月15日	衆議院本会議可決　参議院へ
2014（平成26）年6月17日	参議院厚生労働委員会にて強行採決
2014（平成26）年6月18日	通常国会にて改正法案可決・成立
2014（平成26）年7月28日	厚労省担当課長会議　骨子、案

著者作成

3. 成立後の流れ

　この経緯によって医療介護推進法案は成立し、2014（平成26）年6月25日に官報に掲載されて公布された。また、同日、「地域における医療及び介護の総合的な確保を推進するための関係法律の整備等に関する法律の施行に伴う関係政令の整備に関する政令」（平成26年政令第225号「整備政令」という）及び「地域における医療及び介護の総合的な確保を推進するため

の関係法律の整備等に関する法律の施行に伴う厚生労働省関係省令の整備等に関する省令」（平成26年厚生労働省令第71号「整備省令」という）があわせて公布され、題名が「地域における医療及び介護の総合的な確保の促進に関する法律」に改正された。

今後は、施行時期が、**図表Ⅰ-1-2**のとおり、3年の間に数回に分かれて行われるため、それに合わせて順次、省令や通知が出される。

【図表Ⅰ-1-2】 医療介護推進法案成立後の流れ

○公付の日（2014〈平成26〉年6月25日）
社会福祉士及び介護福祉士法等の一部を改正する法律（介護福祉士の資格取得方法の見直しの期日の変更）
介護保険法（総合確保方針に即した介護保険事業計画等の作成）
○2015（平成27）年4月1日
介護保険法（地域支援事業の充実、予防給付の見直し、特養の機能重点化、低所得者の保険料軽減の強化、介護保険事業計画の見直し、サービス付き高齢者向け住宅への住所地特例の適用、※在宅医療・介護連携の推進、生活支援サービスの充実・強化および認知症施策の推進）は2018（平成30）年4月、予防給付の見直しは2017（平成29）年4月までにすべての市町村で実施
○2015（平成27）年8月1日
介護保険法（一定以上の所得のある利用者の自己負担の引上げ、補足給付の支給に資産等を勘案）
○2016年（平成28）年4月1日
介護保険法（地域密着型通所介護の創設）
○2018年（平成30）年4月1日
介護保険法（居宅介護支援事業所の指定権限の市町村への移譲）

著者作成

第2章 改正の趣旨と地域包括ケアシステム

1. 改正の趣旨

　地域における医療介護総合確保推進法の改正趣旨は、「高齢化の進展に伴い、慢性的な疾病や複数の疾病を抱える患者の増加が見込まれる中、急性期の医療から在宅医療、介護までの一連のサービスを地域において総合的に確保する必要がある。今回の改正は、こうした観点から、地域において効率的かつ質の高い医療提供体制を構築するとともに、地域包括ケアシステムを構築することを通じ、地域における医療及び介護の総合的な確保を促進するものである」とされている。この法改正は、地域包括ケアシステムの構築と、医療・介護の連携を推進することを目的として改正された。

2. 地域包括ケアシステム

　地域包括ケアシステムとは、厚労省のホームページにおいて、以下のように述べられている。

　「厚生労働省においては、2025年（平成37年）を目途に、高齢者の尊厳の保持と自立生活の支援の目的のもとで、可能な限り住み慣れた地域で、自分らしい暮らしを人生の最期まで続けることができるよう、地域の包括的な支援・サービス提供体制（地域包括ケアシステム）の構築を推進しています。地域包括ケアシステムは、保険者である市町村や都道府県が、地域の自主性や主体性に基づき、地域の特性に応じて作り上げていくことが必要です。市町村では、2025年に向けて、3年ごとの介護保険事業計画の策定・実施を通じて、地域の自主性や主体性に基づき、地域の特性に応じた地域包括ケアシステムを構築していきます。疾病を抱えても、自宅等の住み慣れた生活の場で療養し、自分らしい生活を続けられるためには、地域における医療・介

護の関係機関が連携して、包括的かつ継続的な在宅医療・介護の提供を行うことが必要です。

　厚労省においては、関係機関が連携し、多職種協働により在宅医療・介護を一体的に提供できる体制を構築するための取組を推進しています。今後、認知症高齢者や単身高齢世帯等の増加に伴い、医療や介護サービス以外にも、在宅生活を継続するための日常的な生活支援（配食・見守り等）を必要とする方の増加が見込まれます。そのためには、行政サービスのみならず、ＮＰＯ、ボランティア、民間企業等の多様な事業主体による重層的な支援体制を構築することが求められますが、同時に、高齢者の社会参加をより一層推進することを通じて、元気な高齢者が生活支援の担い手として活躍するなど、高齢者が社会的役割をもつことで、生きがいや介護予防にもつなげる取組が重要です」（以上、抜粋。2014〈平成26〉年8月11日現在、原文のまま）。

　この内容は、今回の介護保険制度改正を理解する上で、非常に重要である。地域包括ケアシステムとは、可能な限り住み慣れた地域で、自分らしい暮らしを人生の最期まで続ける。ここのポイントは、住み慣れた「自宅」ではなく、「地域」であることだ。そして、保険者である市町村や都道府県が、地域の特性に応じて作り上げていく。国ではなく、地方の自治体が中心となり、地域特性に応じて地域によってシステムの内容が異なる。疾病を抱えていても、可能な限り入院や介護施設へ入所をせずに自宅等の住み慣れた生活の場で療養し、最期を自宅等で看取ることである。その実現のために、包括的かつ継続的な「在宅医療・介護」の提供を行い、多職種協働により「在宅医療・介護」を一体的に提供できる体制を構築する。行政サービスのみならず、ＮＰＯ、ボランティア、民間企業等の多様な事業主体による重層的な支援体制を構築し、元気な高齢者が生活支援の担い手として活躍するなど、高齢者が社会的役割をもつことで、生きがいや介護予防にもつなげる。今回の制度改正で、このシステムを最も具現化したものが、介護予防訪問介護（以下、予防訪問介護）と介護予防通所介護（以下、予防通所介護）を介護給付から切り離し、市町村の総合事業に移行する制度改正である。居宅介護支援事業所の許認可権限の市町村への委譲や、小規模通所介護の地域密着型通

所介護への移行、特別養護老人ホームの要介護3以上の入居制限などもその一環である。次回の制度改正では、要介護認定者対象の介護サービスへのさらなる適用の拡大が考えられる。

関連条文
（定義）
第二条　この法律において「地域包括ケアシステム」とは、地域の実情に応じて、高齢者が、可能な限り、住み慣れた地域でその有する能力に応じ自立した日常生活を営むことができるよう、医療、介護、介護予防（要介護状態若しくは要支援状態となることの予防又は要介護状態若しくは要支援状態の軽減若しくは悪化の防止をいう。）、住まい及び自立した日常生活の支援が包括的に確保される体制をいう。
※地域における公的介護施設等の計画的な整備等の促進に関する法律（平成元年法律第六十四号）（抄）（第一条関係）【公布日又は平成二十六年四月一日のいずれか遅い日施行】

---

3. 地域包括ケアと超高齢社会の現実

　地域包括ケアは、前回の2012（平成24）年度制度改正で全面に打ち出された概念である。できる限り住み慣れた地域で在宅を基本とした生活の継続を目指して、医療、介護、予防、住まい、生活支援サービスの5つの柱が連携して包括支援を行う。地域を中学校の通学区で区切った区域をエリアと呼び、そのエリアごとに医療、介護、住まい等を充実させていく仕組みである。（**図表Ⅰ-2-1**）従来の要介護認定の軽度者は居宅、重度者は施設という概念から、たとえ重度者であっても入院・入所せず、在宅医療と在宅介護の連携で自宅にできるかぎり住み続けるためのシステムであることはすでに述べた。

　居宅において要介護度の高い重度者に対応するために、前回の改正において、定期巡回・随時対応型訪問介護看護および介護職員の医療行為を部分的に認める制度改正が行われた。今後も、24時間型の在宅サービスが一層求められ、サービス付き高齢者向け住宅も整備されていくであろう。それに伴って、在宅介護サービスにも「質」と医療知識への対応が急務となってくる。

【図表Ⅰ-2-1】　地域包括ケアシステム

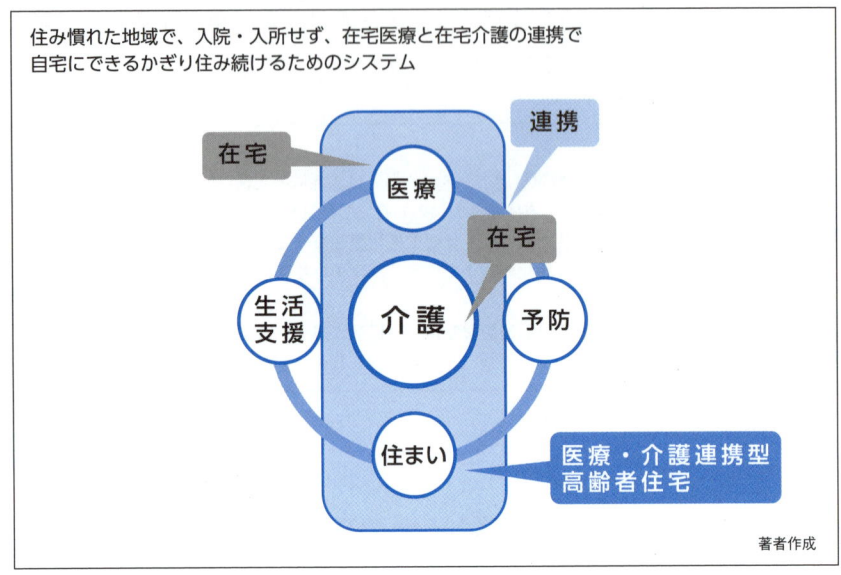

著者作成

　ここまで述べたように、地域包括ケアは非常に素晴らしい概念である。現在の介護・医療制度の審議は、この概念を中心として質疑が行われている。閣議決定された骨太方針＝成長戦略でも、生涯現役社会の実現という言葉で記されている。しかし同時に、今回の法案改正審議における国会での質疑においては、厚労省側から何度も「制度の維持のためにご理解いただきたい」という答弁がなされたのも事実である。目前に迫っている超高齢社会を控えて、介護保険制度が社会保険制度の一環であるがゆえに、制度を支えるためには支える側の負担が必要である。その支える側の人口の減少が著しい。

　2013（平成25）年で日本の高齢化率は25％を超え、日本人4人に1人が65歳以上となった。「平成26年版高齢社会白書」によると、2035年には高齢化率は33.4％となり、日本人3人に1人が65歳以上となる。2060年には日本の高齢化率は39.9％に達して、国民の約2.5人に1人が65歳以上となり、4人に1人が75歳以上の高齢者となる（**図表Ⅰ-2-2**）。この原因が出生率の低下による若年者人口の減少であるため、短期間で状況を改善

することは不可能であり、今後何十年もの時間を必要とする。

　65歳以上の高齢者人口と現役世代（15〜64歳の者）人口の比率を見ると、2015年は1人の高齢者に対して2.3人が介護・医療保険や年金等の社会保険料を負担して社会保障制度を支えていた。2060年には現役世代1.3人で1人の高齢者を支える社会の到来が予想されている（**図表Ⅰ-2-3**）。1.3人で1人の高齢者を支えるためには、毎月のお給料から負担している介護保険料などの社会保険料がいくらになるのか、考えるだけでも恐ろしい。もはや、近い将来における日本の社会保障制度を現在のままで維持するための財源が保てないことは明らかである（**図表Ⅰ-2-4〜Ⅰ-2-7**）。制度の将来にわたる維持のためには、「やりくり」を行わざるを得ないのである。そのためには痛みを伴う聖域なき改革が必要である。この部分に目を背けることはできない。その事実を受け止め、いかにして制度を維持することができるかを国民全体が真剣に考える時期に来ている。2000（平成12）年以前の介護保険制度がなかった時代に逆戻りさせてはならない。

【図表Ⅰ-2-2】　わが国の人口減少の推計

2013（平成25）年、高齢化率が25.1％に上昇した
わが国の総人口
・2026年　　　　　　1億2,000万人を下回る
・2048年　1億人を割って9,913万人
・2060年　　　　　　8,674万人
高齢者人口
・2015年　3,395万人
・2025年　3,657万人
・2042年　3,878万人でピーク　その後減少
高齢化率
・2035年　33.4％で3人に1人
・2060年　39.9％に達して、国民の約2.5人に1人が65歳以上
総人口に占める75歳以上人口の割合
2060年　26.9％、4人に1人が75歳以上の高齢者。65〜74歳人口は2016年の1,761万人でピーク、2031年まで減少傾向、その後は再び増加に転じ、2041年の1,676万人に至った後、減少に転じる。75歳以上人口は増加を続け、2017年には65〜74歳人口を上回り、その後も増加傾向が続く。

出典：「平成26年版高齢社会白書」内閣府、平成26年6月13日閣議決定

【図表Ⅰ-2-3】 65歳以上の高齢者人口と現役世代（15～64歳の者）人口の比率

・1950年　1人の高齢者に対して　12.1人
・2015年　1人の高齢者に対して　2.3人
・2060年　1人の高齢者に対して　1.3人
　　　　現役世代1.3人で1人の高齢者を支える社会の到来

出典：「平成26年版高齢社会白書」内閣府、平成26年6月13日閣議決定

【図表Ⅰ-2-4】 地域別にみた高齢化

2013（平成25）年現在の高齢化率
最も高い秋田県で、31.6％、最も低い沖縄県で、18.4％

今後、高齢化率は、すべての都道府県で上昇
2040年には、最も高い秋田県では、43.8％、最も低い沖縄県で、30.3％に達する

首都圏など三大都市圏では、今後の高齢化がより顕著
千葉県の高齢化率は、2013年、24.3％から12.2ポイント上昇し、2040年には36.5％
同じく神奈川県は、22.4％から12.6ポイント上昇し、35.0％
今後、わが国の高齢化は、大都市圏を含めて全国的な広がりをみる

出典：「平成26年版高齢社会白書」内閣府、平成26年6月13日閣議決定

【図表Ⅰ-2-5】 介護保険料を負担する40歳以上の人口推移は2025年を境にして減少する

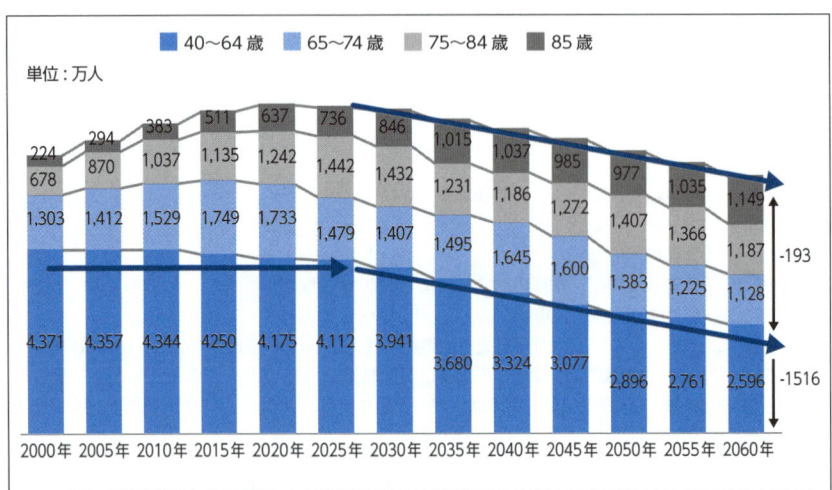

出典：総務省統計局「国勢調査」および国立社会保障人口問題研究所「日本の将来推計人口」平成24年1月推計

【図表Ⅰ-2-6】 高齢者を支える20～64歳の人の割合

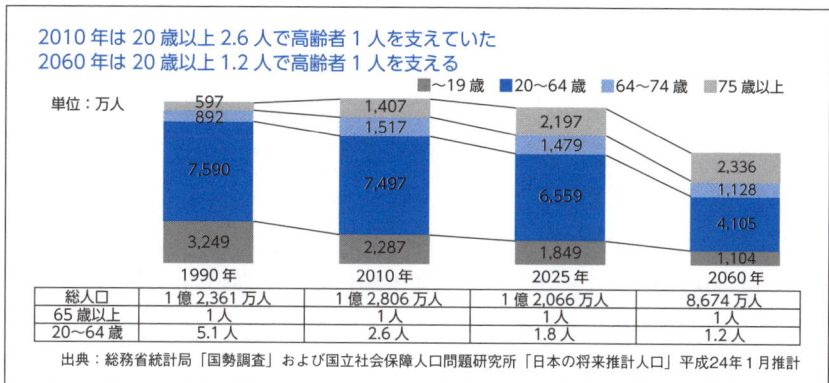

【図表Ⅰ-2-7】 介護給付と保険料の推移

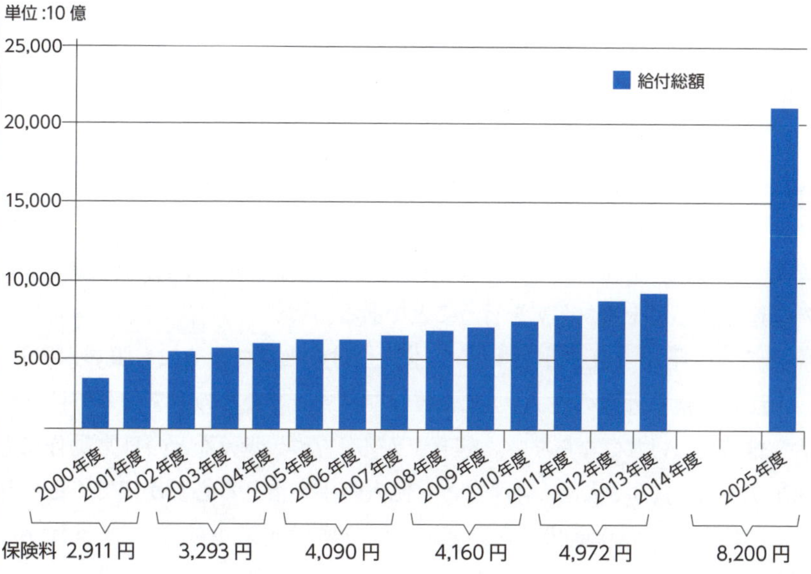

4. 支援の順序

　この章の最後に、支援の順序を記しておく（**図表Ⅰ-2-8**）。この概念は、厚労省に関係する会議の傍聴や、会議や審議の議事録や各種報告書を読むときに理解しておく必要がある。介護保険法は西暦2000（平成12）年にスタートした。措置の時代から、介護保険制度に移行し、営利法人の参入が認められたことで介護保険サービスの市場も事業者数も急成長している。営利法人の参入によって介護保険サービス市場には自由経済の市場原理が働くために、介護保険サービス事業を一般の商行為や会社経営と同様に考えがちである。

　しかし、介護保険サービスは国の制度の下に行われる許認可事業である。制度における支援の順番の中で、介護保険サービスを利用する段階は、「共助」と呼ばれる3段階目に位置する。介護保険の財源は、その50％を第1号、第2号被保険者が給与や年金から介護保険料を支払い、要介護状態になった者は保険事故として介護保険を利用するという社会保険制度の一つである。現行制度においては、40歳以上のすべての国民が介護保険料を負担することで制度が維持される仕組みであることから、共に助けあう「共助」と呼ばれる。

　高齢化に伴って日常的にできていたことができなくなる老化現象は人間にとって自然の現象であり、程度の差はあるが万人に訪れる。老化に伴う支援において、最初の段階を「自助」という。これは全額が自己負担の自費サービスや家政婦、ハウスキーパーなどを利用して、本人の所得、預金などの資産を使ってセルフケアを行うことである。

　第二の段階を「互助」という。本人だけのセルフケアにも限界があり、いずれは家族や近隣の住人、ボランティアスタッフなどの力を借りて日常生活を維持しなければならない。起き上がる、立つ、歩くなどの日常動作にも制限が生じ、食事、入浴、排泄なども他人の手を借りる必要が出てくる。互いに助け合うという意味で互助という。日本は元来から2～3世代が一つの家に同居する大家族制であったため、介護は家庭の中で日常的に行われてきた。時代は流れて、現代は大家族制から世代ごとに居を構える核家

族制に移行し、その結果として独居の高齢者世帯や老老介護世帯が急増した。現代においても家族による介護が中心であるが、それは家族全員で介護するというよりは、一定の個人による介護であることが多くなっている。介護が始まると、その終わりが何時になるか誰にもわからない。親と子の一対一の介護は、介護退職、仕事への影響、介護独身などの問題も生じさせる。介護者は次第に終わりなき介護生活に疲れ果て、精神的な余裕をもてなくなる。ここにレスパイトケアの必要性がある。

第三段階の「共助」である介護保険制度は、レスパイトケアを一つの目的として創設された制度であり、一時的な家族介護の補完が目的である。そして、第四段階は「公助」、従来の社会的扶助や生活保護などの措置がこれに当たる。

今回の制度改正においては、「自助」の考え方が具体化したものが、相応の自己負担を求めるという意味で、所得に応じた自己負担2割制の導入、補足給付に預金などの資産を評価対象に組み入れ等がそれに当たる。「互助」の考え方が具体化したものが、市町村の総合事業で取り入れられた、ボランティアスタッフやＮＰＯ法人などの多様なサービスの導入であろう。

【図表Ⅰ-2-8】　支援の順序

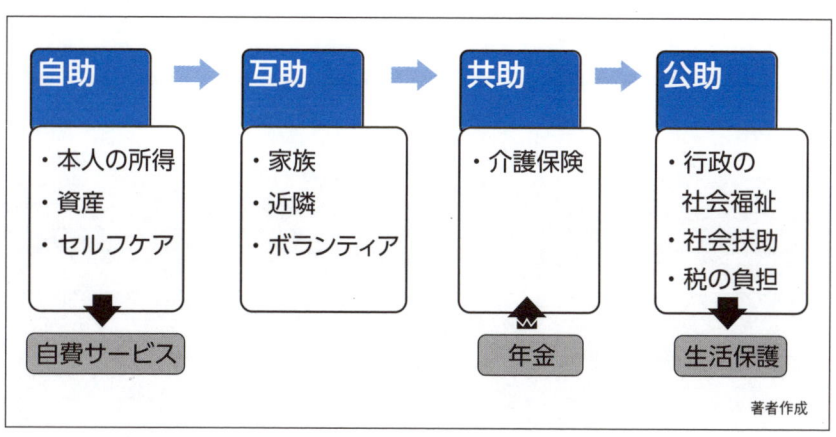

著者作成

第Ⅱ編

2015（平成27）年度 介護保険法改正の解説

第1章 介護福祉士の資格取得方法の見直しと期日の変更

　介護福祉士の資格取得方法の見直しとして、3年間の実務経験に加えて6か月以上の実務者研修450時間の義務化が1年先送りされた。2017(平成29)年1月の介護福祉士試験から実務者研修450時間の受講修了が受験要件となる。資格取得方法の見直しについては、資質向上の観点から実務研修の実施が2007(平成19)年改正で定められたものであるが、すでに2012(平成24)年実施を2015(平成27)年に3年延期を行った経緯があり、2回目の延期となった。

　実務者研修450時間の受講はまったくの無資格者の場合の受講時間であり、その受講者の保有資格によって受講時間が異なる。基礎研修課程修了者は50時間、ホームヘルパー(訪問介護員)1級資格者は95時間、ホームヘルパー2級資格者は320時間である。2013(平成25)年4月以降の初任者研修修了者はホームヘルパー2級と同じ位置づけとなる(カリキュラムは若干異なる)。この受講時間には、介護職員の医療行為に関する50時間の講習も含まれており、介護福祉士資格での医療行為の実施時期も1年間延期された。

　いずれにしても、2015(平成27)年1月と2016(平成28)年1月の2回の介護福祉士試験は、実務者研修を受けることなく受験できることになる。この2回の機会を逃さず、事業所として所属する職員の介護福祉士の資格取得を迷わず後押しすべきである。

　近年、加算の算定要件のみならず、訪問介護事業におけるサービス提供責任者の資格要件や、キャリア段位制におけるアセッサー資格の取得要件およびキャリア段位4段階以上を目指す場合は必須の資格となった。また、ケアマネジャー(介護支援専門員)試験の受験資格が法定資格者に限定されるなどの個人のキャリアアップの必須資格となるとともに、介護事業所に

とっても介護福祉士の有資格者の確保の重要性は日々増してきている。通信教育や通学で実務者研修講座を受講する場合の費用は、従来の介護福祉士講座と比べても倍以上の負担となる。何より職員の多忙な業務のなかで、50～450時間の受講時間を作ることが非常に厳しいことを覚悟しなければならない。その費用負担と時間が、2016（平成28）年試験までは不要なのであるから受験を目指す職員のモチベーションも高まるであろう。この延期は、事業所内の介護福祉士の有資格者を増やす絶好の機会であるといえる。

関連条文

社会福祉士介護福祉士養成施設指定規則（昭和六十二年厚生省令第五十号）第七条の二第一号ホ及び社会福祉士介護福祉士学校指定規則（平成二十年 文部科学省 令第二号）第七条の二第一号ホの規定に基づき、社会福祉士介護福祉士養成施設指定規則第七条の二第一号ホ及び社会福祉士介護福祉士学校指定規則第七条の二第一号ホに規定する厚生労働大臣が別に定める基準を次のように定め、<u>平成二十八年四月一日から適用する。</u>

※社会福祉士介護福祉士養成施設指定規則第七条の二第一号ホ及び社会福祉士介護福祉士学校指定規則第七条の二第一号ホに規定する厚生労働大臣が別に定める基準（平成二十三年厚生労働省告示第四百十四号）（抄）（第八関係）

（下線は著者による。以下、同）

第2章 介護保険制度改正における費用負担に関する事項等について

1. 自己負担2割の該当基準と取り扱い

　利用者の年収に応じて自己負担が2割となる法律は2015（平成27）年8月1日の施行となる。よって、2015年8月のサービス提供分より、所得基準に応じて一部の利用者の自己負担が2割となる。その所得基準は政令で定められる。制度導入当初の基準は、合計所得金額160万円以上（控除後所得）である。年金収入で言えば、独居世帯280万円以上、夫婦世帯346万円以上がこれに該当する。

　この所得基準は、全体の20％、利用者の5人に1人が自己負担2割に該当となる基準である。在宅サービスの利用者のうち15％程度、介護施設入所者の5％程度が実際に自己負担2割の対象となる見込みである。自己負担2割の対象となるのは、基準以上の所得を有する本人のみで、同一世帯に他に介護サービスの利用者がいても、本人の所得が基準以上でなければ2割負担とはならない。この措置は、高齢者世代内の負担の公平化を図るものであり、第2号被保険者は対象とならない。要介護（支援）認定を受け給付を受けている第2号被保険者が第1号被保険者となった場合、65歳となった月の翌月以降から、これらの規定の対象となる（**図表Ⅱ-2-1-①、②**）。

　所得の判定に用いる「所得」は、住民税で用いられる前年所得データである。住民税が確定するのは毎年5～6月であるため、自己負担割合の対象期間は、毎年8月から翌年7月の1年間となる。自己負担割合が記載された「利用者負担割合証明書」（**図表Ⅱ-2-2**）は、介護サービスを利用する際に事業者が負担割合の確認を確実に行うことができるようにするため、1割負担の利用者も含め、認定者全員に毎年交付される。有効期間は、当

【図表Ⅱ-2-1-①】 自己負担が2割となる「一定以上所得者」の判定基準

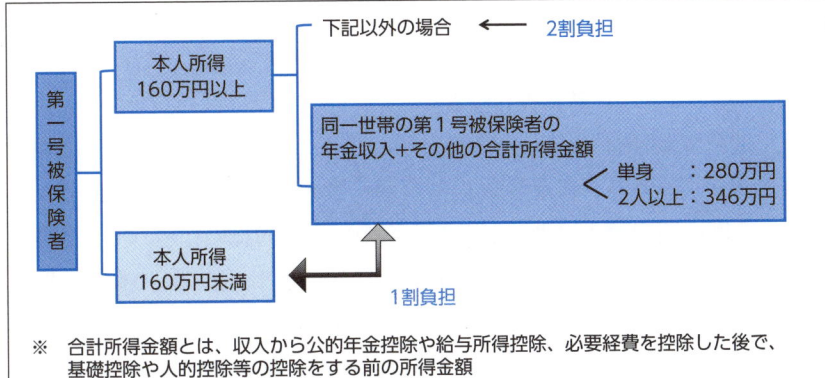

※ 合計所得金額とは、収入から公的年金控除や給与所得控除、必要経費を控除した後で、基礎控除や人的控除等の控除をする前の所得金額
※ 280万円+5.5万円(国民年金の平均額)×12≒346万円

合計所得金額により判定を行い、世帯の中でも基準以上(160万円以上、年金収入に換算すると280万円以上)の所得を有する方のみ利用者負担を引き上げることとする。

出典:平成26年8月27日老健局事務連絡「自己負担が2割となる『一定所得以上所得者』の判定基準等について」

【図表Ⅱ-2-1-②】 自己負担が2割となる例

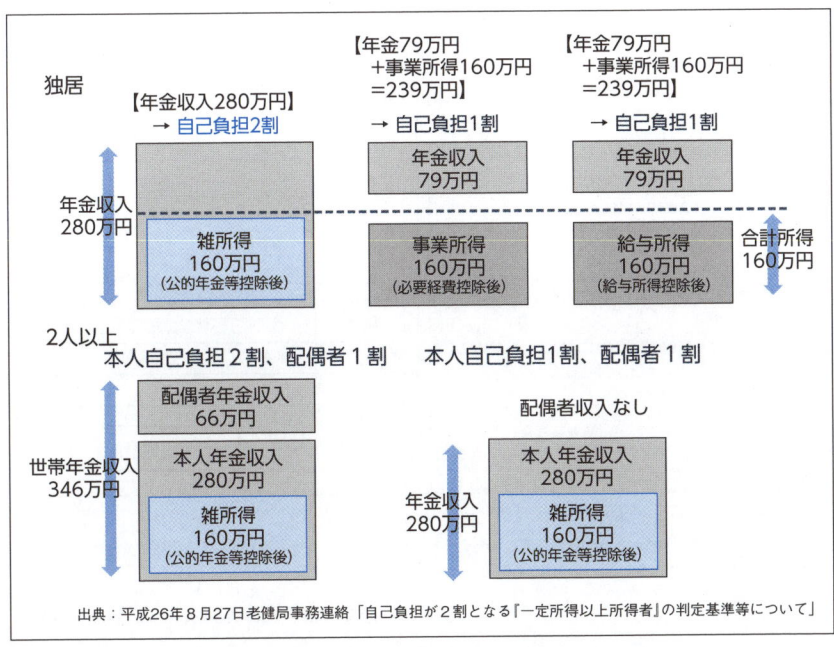

出典:平成26年8月27日老健局事務連絡「自己負担が2割となる『一定所得以上所得者』の判定基準等について」

該年度の8月1日から翌年度の7月31日までとし、初年度は、2014(平成26)年の所得情報に基づき、2015(平成27)年8月1日から2016(平成28)年7月31日までが有効期間となる。なお、海外から転入した者等前年所得がない場合には、1割負担となる。

　国民健康保険団体連合会の審査支払いでは、保険者からの受給者情報と請求情報が突合され、利用者負担割合が一致しているかどうかを確認している。今回の制度改正による利用者負担の変更も同様の仕組みで突合される。住民税の所得更正により所得が変動した場合は、認定証の有効期間の始期である直近の8月まで遡って負担割合が変更される。この場合、負担割合証が差し替えられる。有効であった負担割合証の負担割合が、保険者と被保険者の間の事情で遡って変更された場合には、保険者と被保険者の間で、追加給付や過給分の返還の請求を行う。要介護者が他市町村に転出

【図表Ⅱ-2-2】　利用者負担割合証明書

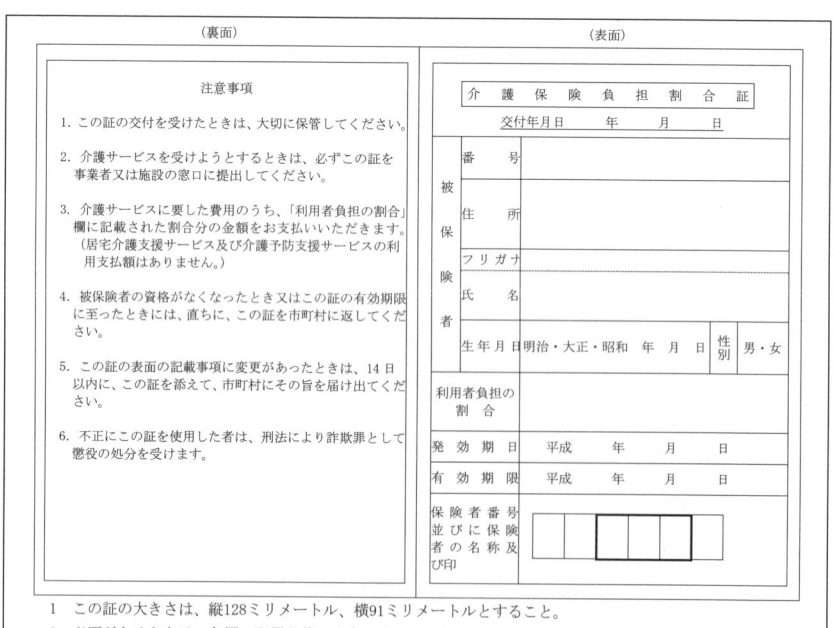

出典：全国介護保険担当課長会議資料、2014年7月28日

┌─ 関連条文 ─
(一定以上の所得を有する第一号被保険者に係る居宅介護サービス費等の額)
第四十九条の二　第一号被保険者であって政令で定めるところにより算定した所得の額が政令で定める額以上である要介護被保険者が受ける次の各号に掲げる介護給付について当該各号に定める規定を適用する場合においては、これらの規定中「百分の九十」とあるのは、「百分の八十」とする。
一　居宅介護サービス費の支給　第四十一条第四項第一号及び第二号並びに第四十三条第一項、第四項及び第六項
二　特例居宅介護サービス費の支給　第四十二条第三項並びに第四十三条第一項、第四項及び第六項
三　地域密着型介護サービス費の支給　第四十二条の二第二項各号並びに第四十三条第一項、第四項及び第六項
四　特例地域密着型介護サービス費の支給　第四十二条の三第二項並びに第四十三条第一項、第四項及び第六項
五　施設介護サービス費の支給　第四十八条第二項
六　特例施設介護サービス費の支給　前条第二項
七　居宅介護福祉用具購入費の支給　第四十四条第三項、第四項及び第七項
八　居宅介護住宅改修費の支給　第四十五条第三項、第四項及び第七項
(居宅介護サービス費等の額の特例)
第五十条　市町村が、災害その他の厚生労働省令で定める特別の事情があることにより、居宅サービス(これに相当するサービスを含む。次項において同じ。)、地域密着型サービス(これに相当するサービスを含む。同項において同じ。)若しくは施設サービス又は住宅改修に必要な費用を負担することが困難であると認めた要介護被保険者が受ける前条各号に掲げる介護給付について当該各号に定める規定を適用する場合(同条の規定により読み替えて適用する場合を除く。)においては、これらの規定中「百分の九十」とあるのは、「百分の九十を超え百分の百以下の範囲内において市町村が定めた割合」とする。
2　市町村が、災害その他の厚生労働省令で定める特別の事情があることにより、居宅サービス、地域密着型サービス若しくは施設サービス又は住宅改修に必要な費用を負担することが困難であると認めた要介護被保険者が受ける前条各号に掲げる介護給付について当該各号に定める規定を適用する場合(同条の規定により読み替えて適用する場合に限る。)においては、同条の規定により読み替えて適用するこれらの規定中「百分の八十」とあるのは、「百分の八十を超え百分の百以下の範囲内において市町村が定めた割合」とする。
(一定以上の所得を有する第一号被保険者に係る介護予防サービス費等の額)
第五十九条の二　第一号被保険者であって政令で定めるところにより算定した所得の額が政令で定める額以上である居宅要支援被保険者が受ける次の各号に掲げる予防給付について当該各号に定める規定を適用する場合においては、これらの規定中「百分の九十」とあるのは、「百分の八十」とする。
一　介護予防サービス費の支給　第五十三条第二項第一号及び第二号並びに第五十五条第一項、第四項及び第六項
二　特例介護予防サービス費の支給　第五十四条第三項並びに第五十五条第一項、第四項及び第六項
三　地域密着型介護予防サービス費の支給　第五十四条の二第二項第一号及び第二号並びに第五十五条第一項、第四項及び第六項

> 四　特例地域密着型介護予防サービス費の支給　第五十四条の三第二項並びに第五十五条第一項、第四項及び第六項
> 五　介護予防福祉用具購入費の支給　第五十六条第三項、第四項及び第七項
> 六　介護予防住宅改修費の支給　第五十七条第三項、第四項及び第七項
> （介護予防サービス費等の額の特例）
> 第六十条　市町村が、災害その他の厚生労働省令で定める特別の事情があることにより、介護予防サービス（これに相当するサービスを含む。次項において同じ。）、地域密着型介護予防サービス（これに相当するサービスを含む。同項において同じ。）又は住宅改修に必要な費用を負担することが困難であると認めた居宅要支援被保険者が受ける<u>前条各号に掲げる予防給付</u>について当該各号に定める規定を適用する場合（同条の規定により読み替えて適用する場合を除く。）においては、これらの規定中「百分の九十」とあるのは、「百分の九十を超え百分の百以下の範囲内において市町村が定めた割合」とする。
> 2　市町村が、災害その他の厚生労働省令で定める特別の事情があることにより、介護予防サービス、地域密着型介護予防サービス又は住宅改修に必要な費用を負担することが困難であると認めた居宅要支援被保険者が受ける前条各号に掲げる予防給付について当該各号に定める規定を適用する場合（同条の規定により読み替えて適用する場合に限る。）においては、同条の規定により読み替えて適用するこれらの規定中<u>「百分の八十」とあるのは、「百分の八十を超え百分の百以下の範囲内において市町村が定めた割合」</u>とする。
> ※介護保険法（平成九年法律第百二十三号）（抄）（第五条関係）【公布日又は平成二十六年四月一日のいずれか遅い日・平成二十七年四月一日・平成二十七年八月一日施行】

する場合は、要介護度等を記載した受給資格証明書を転出元市町村が発行して、それを転入先市町村に提出している。今後は、証明書に負担割合を記入することとして、転入先市町村が確認できるようになる。

　なお、ほとんどの場合、要介護度の受給資格証明書の発行は行われていると考えられるが、法令上必須ではないことから、仮に発行されていない場合には転入先市町村において改めて負担割合の判定が必要となる。

2. 高額介護サービス費の上限額の設定

　自己負担が2割負担となることで、対象となる利用者の全員の負担が倍額になるのではない。月額上限があるため、一般的には高額介護サービス費37,200円、現役並みの所得相当の場合は44,400円が上限金額となる。例えば、要介護5の利用者が区分支給限度基準額いっぱいに利用したとすると、1割負担の場合は36,065円を支払う。2割負担の場合は、倍額の72,130円を支払うのではなく、一般の場合は上限の37,200円を支払うこととなる。

なお、保険料滞納者の給付制限は、2割負担の者の場合、現行と同様3割負担となる。

高額介護サービス費の負担限度額は制度創設時の医療保険の高額療養費に合わせて設定されたが、要介護状態が長く続くことを踏まえ、基本的に据え置くこととなる。ただし、2割負担となる利用者のうち、特に所得が高い、高齢者医療制度における現役並み所得に相当する所得がある利用者については、現行の37,200円から医療保険の現役並み所得者の多数該当と同じ水準である44,400円となる。現役並み所得の基準の適用については、同一世帯内の第1号被保険者に現役並み所得者がいる場合に、その世帯の負担の上限額が44,400円となる。所得基準については、課税所得の基準は高齢者医療と同様に145万円となる。また、高齢者医療においては、課税所得が145万円以上の者が世帯にいる場合でも、同一世帯内の被保険者の収入が単身の場合383万円、2人以上の場合520万円に満たない場合は、現役並み所得者ではなく一般に戻す取り扱いとなるため、同様の対応を行う（**図表Ⅱ-2-3、Ⅱ-2-4**）。

3. 利用者負担を2割とする理由

介護保険制度は、制度創設以来、所得にかかわらず利用者負担は1割である。同様に、高額介護サービス費の負担限度額も据え置いてきた。その間、高齢者の医療制度で医療費負担は順次引き上げられている。今後も高齢化に伴い介護費用が増加し、さらに増加し続けていくことが見込まれるなかで、いかに制度の維持を図るかが課題である。高齢者自身は第1号保険料の納付と利用者負担により保険財政を支えている。

しかし、保険料の上昇を可能な限り抑えつつ、現役世代の過度な負担を避けるとともに、高齢者世代内で負担の公平化を図っていくためには、第1号被保険者のうち、一定以上の所得のある利用者には、2割の利用者負担が必要である。2割負担となる所得の水準は、モデル年金や平均的な消費支出の水準を上回る、負担可能な水準として、65歳以上の被保険者のうち所得上位20％に相当する基準を設定して、政令で定める。高額介護サービス費の仕組みがあり、利用者負担には月額上限が設けられていることから、負

【図表Ⅱ-2-3】 一定以上所得者の高額介護サービス費の限度額の見直し

引き上げの対象は、2割負担とする一定以上所得者のうち、さらに一部の者に限定することとし、医療保険の現役並み所得に相当する者とする

<介護保険−高額介護サービス費の限度額>

	自己負担限度額（現行）
一般	37,200円（世帯）
市町村民税世帯非課税等	24,600円（世帯）
年金収入80万円以下等	15,000円（個人）
生活保護被保護者等	15,000円（個人）等

<見直し案>

現役並み所得	44,400円
一般	37,200円

<高額介護サービス費における現役並所得者の取り扱い>

①所得・収入を考慮する範囲	同一世帯内の1号被保険者
②所得基準	同一世帯内の同一制度の被保険者（①の被保険者）に、課税所得145万円以上の者がいること
③収入基準	②に該当する場合であっても、同一世帯内の同一制度の被保険者（①の被保険者）が1名の場合は収入が383万円未満、2名以上の場合は収入の合計が520万円未満の場合は、一般の負担となる

出典：全国介護保険担当課長会議資料、2014年7月28日

【図表Ⅱ-2-4】 一定以上所得者を2割負担とした場合の影響

① 居宅サービス利用者の負担の変化

※平成23年度介護給付費実態調査報告年報より作成

	要介護1	要介護2	要介護3	要介護4	要介護5
平均的な利用者負担額の変化	約7,700円→約15,400円	約10,000円→約20,000円	約14,000円→約28,000円	約17,000円→約34,000円	約21,000円→約37,200円
高額介護サービス費(37,200円)に該当する割合(※)	0.5%	8.5%	37.8%	51.4%	62.1%

※19,000単位以上の者の割合

② 施設・居住系サービスの1月当たり平均費用額と高額介護サービス費

単位：千円

	要介護1	要介護2	要介護3	要介護4	要介護5
特定	171.3	193	214.5	235.6	257.1
グループホーム	262	268.5	273.6	277	283.3
特養	218.3	240	258.9	279.8	298.5
老健	258.7	275	290.9	305.4	319.8
介護療養	247.8	284.7	350.7	386.5	414.3

■=1割負担で高額介護サービス費(37,200円)該当　　□=2割負担となったときに高額介護サービス費(37,200円)該当

出典：全国介護保険担当課長会議資料、2014年7月28日

担割合が2割となっても、対象者全員の負担が必ず2倍となるものではない。

4．2割負担対象者の収支状況の実際

　自己負担が2割となる線引き基準は、該当となる所得層については、ある程度の家計における資金的な余裕があり、自己負担が1割から2割となっても支払い能力がある人である。そのため、自己負担が2割に増えたとしても一時的に負担増への抵抗があって多少の利用控えなどの影響が出るだろうが、利用者にとって必要な介護サービスを提供しているのであり、より良いサービスを提供することで最終的には納得いただけるであろう、時間が解決するから問題はない――そのように考えてはいないだろうか。

関連条文

（高額介護サービス費の支給）
第五十一条
市町村は、要介護被保険者が受けた居宅サービス（これに相当するサービスを含む。）、地域密着型サービス（これに相当するサービスを含む。）又は施設サービスに要した費用の合計額として政令で定めるところにより算定した額から、当該費用につき支給された居宅介護サービス費、特例居宅介護サービス費、地域密着型介護サービス費、特例地域密着型介護サービス費、施設介護サービス費及び特例施設介護サービス費の合計額を控除して得た額（次条第一項において「介護サービス利用者負担額」という。）が、著しく高額であるときは、当該要介護被保険者に対し、高額介護サービス費を支給する。
2　前項に規定するもののほか、高額介護サービス費の支給要件、支給額その他高額介護サービス費の支給に関して必要な事項は、居宅サービス、地域密着型サービス又は施設サービスに必要な費用の負担の家計に与える影響を考慮して、政令で定める。
※介護保険法（平成九年十二月十七日法律第百二十三号）
（保険料を徴収する権利が消滅した場合の保険給付の特例）
第六十九条
<u>4　第一項の規定により給付額減額等の記載を受けた要介護被保険者等が、当該記載を受けた日の属する月の翌月の初日から当該給付額減額期間が経過するまでの間に利用した居宅サービス、地域密着型サービス、施設サービス、介護予防サービス及び地域密着型介護予防サービス並びに行った住宅改修に係る前項各号に掲げる介護給付等について当該各号に定める規定を適用する場合（第四十九条の二又は第五十九条の二の規定により読み替えて適用する場合に限る。）においては、第四十九条の二又は第五十九条の二の規定により読み替えて適用するこれらの規定中「百分の八十」とあるのは、「百分の七十」とする。</u>
※介護保険法（平成九年法律第百二十三号）（抄）（第五条関係）【公布日又は平成二十六年四月一日のいずれか遅い日・平成二十七年四月一日・平成二十七年八月一日施行】

事実、2013（平成25）年の社会保障審議会介護保険部会の審議から2014（平成26）年の通常、国会衆議院厚生労働委員会まで一貫して厚労省は、年金収入が年280万円以上の所得層の高齢者は月に6万円程度、年間にして60万円ほどの貯蓄が可能な所得層なので、自己負担が倍の2割となっても、十分にお支払いいただけるから問題はないと説明してきた。

　ところが、2014（平成26）年6月に国会審議が参議院の厚生労働委員会の審議に移ると状況は一変した。年金収入が年280万円以上の所得層は、年間60万円の貯蓄が可能な層ではなく、年金収入だけでは消費支出を賄えず、自分の預貯金等を取り崩して生活していることが、総務省統計局の「平成24年家計調査」で明らかになったのである。この時の資料が7月28日の全国介護保険担当課長会議資料の中で示されている（**図表Ⅱ-2-5**）。同時に、同会議資料の中で**図表Ⅱ-2-6**が提示され、年金収入が年280万円の所得層は、厚生年金の平均額である182万円と比較しても約100万円収入が多い。

【図表Ⅱ-2-5】　一定以上所得者の収入と支出の状況について①

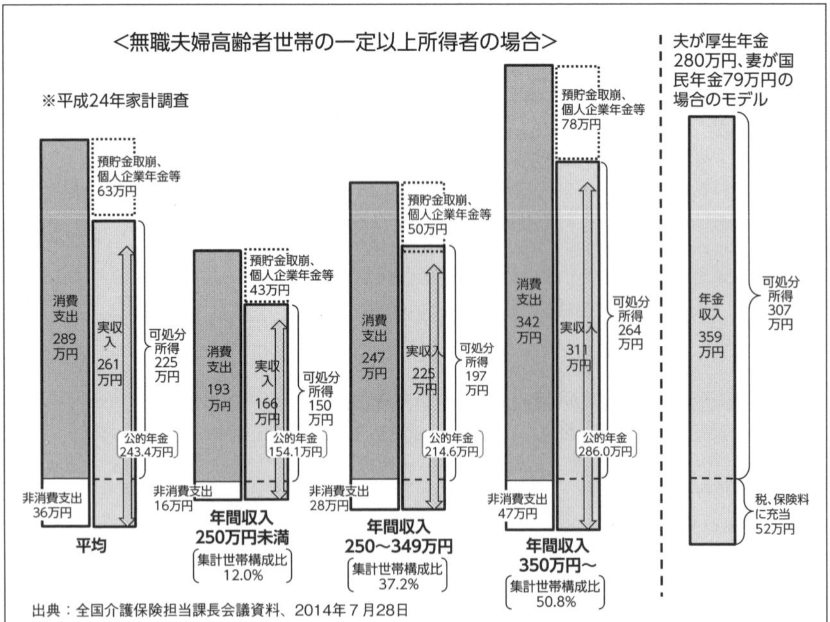

出典：全国介護保険担当課長会議資料、2014年7月28日

【図表Ⅱ-2-6】 一定以上所得者の収入と支出の状況について②

○ 第1号被保険者の上位20％に該当する合計所得金額160万円は、年金収入に換算すると280万円以上。
○ この基準に該当する場合、
　①厚生年金の平均額：182万円と比較しても約100万円収入が高い
　②高額介護サービス費により、負担の上昇額が限定される

＜無職単身高齢者世帯（65歳以上）の一定以上所得者の場合＞

※平成24年家計調査

平均
消費支出 170万円
預貯金取崩、個人企業年金等 33万円
実収入 151万円
可処分所得 138万円
非消費支出 13万円

本人が厚生年金280万円のモデル
年金収入 280万円
可処分所得 235万円
税、保険料に充当 45万円

出典：全国介護保険担当課長会議資料、2014年7月28日

自己負担の上限である高額介護サービス費によって自己負担の上昇額も限定されるから問題はないという説明が追加された。

しかし、資料は同じ「平成24年家計調査」のものが用いられており、消費支出は年収によって異なることから、平均年収と比較して100万円多いから余裕があるという説明には無理があると考えられる。実際に、年収180万円の者と、年収300万円の者が毎月同じ家計費の支出であることはなく、所得相応の生活水準と毎月の支出を保つものであり、年収が高いから生活資金に余裕があるとはいえないのである。

5. 自己負担の増加で考えられる影響①――利用控え

これまで見てきたように、2015（平成27）年度介護保険法改正で自己負担2割となる所得層は、決して生活費において資金的な余裕があるのではなく、自分の預貯金等を取り崩して生活していることは明らかである。さらに、高齢者を取り巻く経済環境を見てみよう。消費税は2014（平成26）年4月よ

り、5％から8％となり、3％の増税がされた。2015（平成27）年10月にも2％の消費税の増税が予定されている。アベノミクスと呼ばれるインフレ政策によって、物価も上昇傾向にある。それに対して、高齢者の主たる収入である年金は、2013（平成25）年10月から2015（平成27）年4月までの間で、3回に分けてすべての年金受給者の年金収入が2年半の間でトータル2.5％減額される。

　夫婦世帯の平均の年金月額が23万円とすると、2年半で月額5,750円。年間で69,000円の収入減となる。介護サービス事業の顧客である高齢者の収入が年々減額され、支出が年々増加している。こうしたなかで介護サービスの利用支出が倍額となることによる利用者の家計が受ける影響は大きい。その自己負担2割の対象者が、利用者の5人に1人なのである。

　高齢者の収入は年金が大部分である。1か月当たりの年金の支給金額は年間で固定なので、1か月の中で使える家計費の枠もそれぞれの利用者で決まっている。その家計費の中で支出が増加するのであるから、当然のこととして「やりくり」が行われる。そのやりくりの対象が介護サービスとなる可能性があり、その場合は「利用控え」として現れる。今まで、デイサービスには週に3回通っていたが、これからは2回にしようと考えても不思議ではない。

　例えば、訪問介護で入浴介助のサービスの場合、1時間未満の身体介護を提供したとして介護報酬は、身体Ⅱを請求するであろう。2014（平成26）年時点で身体Ⅱの報酬は地域区分を勘案しない場合、404単位である。利用者は、1回の入浴に404円を自己負担分として支払っていることになる。この1回の入浴404円が、自己負担2割で倍の808円になる。

　また、小規模を算定しているデイサービスが、要介護1の利用者に7時間以上9時間未満のサービスを提供した場合、2014（平成26）年時点で7-9の介護報酬は地域区分を勘案しない場合、815単位である。この1回のデイサービス利用で815円が、自己負担2割で1,630円を支払うことになる。これは決して小さな金額ではないことが理解できるであろう。もしも、あなたが行きつけのレストランで、ランチメニュー800円のセットを週に3回利用しているとする。この800円のランチメニューがある日を境に、1,600円に

なったらどうするであろうか。味も変わらず、量も変わらず、ウェイトレスの無愛想さも変わらない。それでも、今まで通り、週に3回利用するであろうか。食事は人間にとって必要不可欠である。食べないわけにはいかない。仕事で疲れていることもあり、お弁当を作らずに外食で済ませることが多いであろう。しかし、1回に支払う料金が倍になった場合は、そのうちの1回を何とか早起きしてお弁当を持ってくるなどして、週3回の利用を週2回に納めようとはするのではないだろうか。その時にレストラン側は、どうすれば今まで通りに週3回の利用を続けてくれるかを必死で考えるであろう。少なくとも今のままで良いとは思わないであろう。それが、今、介護事業者が早急に検討すべきことである。

6. 自己負担の増加で考えられる影響②――事業所の選別

利用控えでは、利用回数が減るが、利用者は同じ事業所を使い続けてくれる。しかし、自己負担2割の影響で、もう一つ考えられる影響が、自己負担の増加を機会として事業者の選別＝他の事業所に移るという選択のきっかけとなることである――それはなぜか。

介護報酬の仕組みとして、特に基本報酬は、実際に提供された「時間」だけを評価してサービスの「質」を評価はしていない。このことを理解してもらうために、これから極端な事例を挙げる。

利用者は1回の入浴介助に自己負担金額の404円を支払っている。この訪問介護事業所の担当職員が、経験豊富で非常に素晴らしい技術と人間性をもったサービスを提供して、利用者も本当に良いお風呂をいただいたと心から満足するサービスを提供したとしよう。その場合、介護報酬の請求は、1時間未満の身体Ⅱとして404単位である。

片や、別の訪問介護事業所では、先日、初任者研修の受講を終えたばかりの、まだまだ経験不足で技術的にも未熟な職員が入浴介助を担当したとする。1時間のサービスの中で安心して気持ちの良い入浴ができないような、利用者が結果として大きな不満を抱くような質の劣るサービスを提供しても、1時間未満のサービスを実施することに対して同じく404単位を請求できる。

この2つのケースでの利用者の価値観は、1回404円の支払いが高いか

安いかという価値観となる。1回の自己負担が404円の入浴介助に満足している利用者は、自己負担が倍の808円となっても、継続して同じ訪問介護事業所を利用する。しかし、今のサービスに満足できず、1回の自己負担が404円の入浴介助が高いと思っている利用者は、支払い金額が1回808円となることを契機として、もっと良いサービスを提供すると思われる別の訪問介護事業所に替えることを考えはしないであろうか。これはデイサービス等の他の介護サービスも同じである。日常から、定期的に利用者へのアンケート調査を実施して、常に利用者の要望や不満をくみ取り、より良いサービス提供の向上に努めることがいかに重要であるか、ここで試される（**図表Ⅱ-2-7**）。

【図表Ⅱ-2-7】　自己負担2割、年金支給額の減額によって事業者の選別が起こる

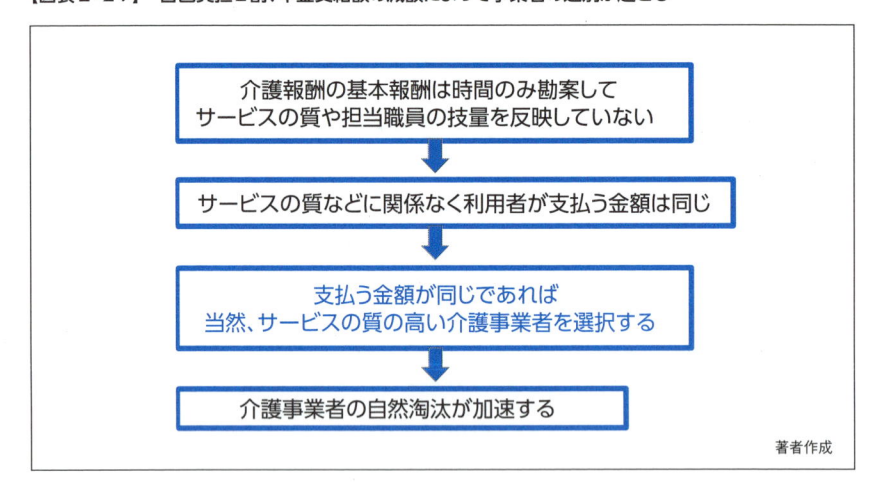

```
┌─────────────────────────────────────┐
│   介護報酬の基本報酬は時間のみ勘案して      │
│   サービスの質や担当職員の技量を反映していない │
└─────────────────────────────────────┘
                 ↓
┌─────────────────────────────────────┐
│   サービスの質などに関係なく利用者が支払う金額は同じ │
└─────────────────────────────────────┘
                 ↓
┌─────────────────────────────────────┐
│         支払う金額が同じであれば             │
│   当然、サービスの質の高い介護事業者を選択する  │
└─────────────────────────────────────┘
                 ↓
┌─────────────────────────────────────┐
│      介護事業者の自然淘汰が加速する          │
└─────────────────────────────────────┘
                                 著者作成
```

第3章 第1号保険料の多段階化と公費による保険料軽減の強化

　第6期の第1号保険料については、標準段階をこれまでの6段階から、標準9段階に見直される（**図表Ⅱ-3-1**）。これは、所得水準に応じてきめ細かな保険料設定を行うためであり、多くの自治体で特例第3・特例第4段階の設置や、本人課税所得層の多段階化をしている現状を踏まえて、標準の段階設定を現行の6段階から9段階に見直す。なお、現在と同様、引き続き保険者の判断による弾力化は可能となる。

　世帯非課税（第1〜第3段階）については、新たに公費による軽減の仕組みを導入し、さらなる負担軽減が図られ、低所得者の保険料軽減に要する費用を特別会計に繰り入れ、国がその費用の2分の1、都道府県がその費用の4分の1を負担する。具体的な軽減の幅等は国の予算編成において最終的に決定される。

　現在の第1号保険料については、所得段階別に原則として6段階設定となっており、世帯非課税である者については、基準額の0.5倍または0.75倍を標準として軽減されている。今後の高齢化の進行に伴う保険料水準の上昇と消費税率の引き上げに伴う低所得者対策強化を踏まえて、基準額に乗ずる割合をさらに引き下げ、その引き下げた分について、現行の給付費の50％の公費負担に加えて、公費を投入する。

　現在の介護保険料の段階設定は標準で第6段階までであるが、特例第3、4段階の設定も含めて、現在、多くの保険者で多段階の保険料設定がされている。保険料負担の応能性を高めるために、特例第3、4段階を標準化しつつ、第5段階以上を細分化して、標準を9段階とする。保険者ごとの第1号被保険者と第2号被保険者の比率の差は、第2号保険料を全国プールすることで調整するとともに、第1号被保険者の中でも要介護リスクの高い75歳以上の比率の差は調整交付金で調整している。さらに、調整交付

金では第1号被保険者の所得の状況によって生じる差も調整しているが、この所得調整を強化するため、標準6段階を用いている現行の調整方法を保険料設定方法の見直しに併せて標準9段階を用いた調整方法に改めることが必要とされた。

※参考：平成25年度所得調査でのデータ

　新第6段階は、所得120万円未満

　新第7段階は、所得120万円以上190万円未満

　新第8段階は、所得190万円以上280万円未満

　新第9段階は、所得280万円以上

【図表Ⅱ-3-1】　保険料の標準6段階から標準9段階への見直し

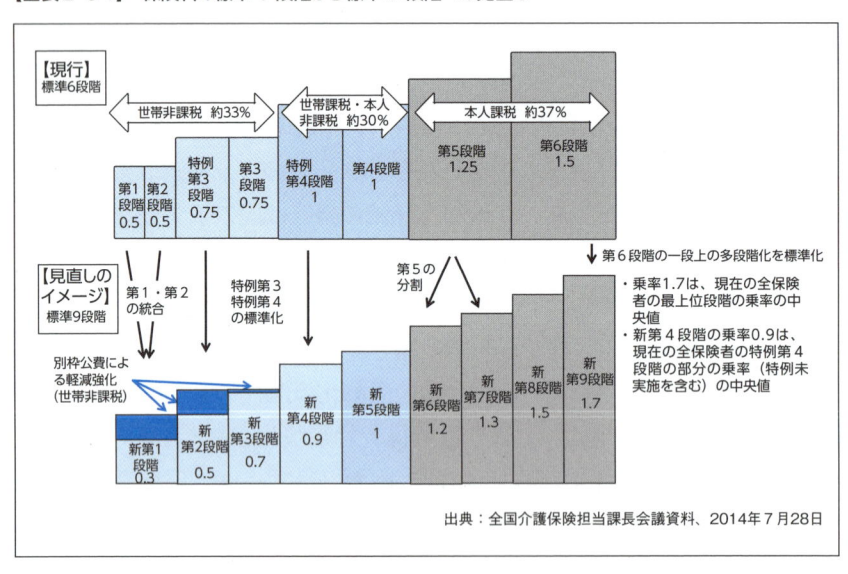

出典：全国介護保険担当課長会議資料、2014年7月28日

---関連条文---

（市町村の特別会計への繰入れ等）
<u>第百二十四条の二　市町村は、政令で定めるところにより、一般会計から、所得の少ない者について条例の定めるところにより行う保険料の減額賦課に基づき第一号被保険者に係る保険料につき減額した額の総額を基礎として政令で定めるところにより算定した額を介護保険に関する特別会計に繰り入れなければならない。</u>
<u>2　国は、政令で定めるところにより、前項の規定による繰入金の二分の一に相当する額を負担する。</u>
<u>3　都道府県は、政令で定めるところにより、第一項の規定による繰入金の四分の一に相当する額を負担する。</u>

※介護保険法（平成九年法律第百二十三号）（抄）（第五条関係）【公布日又は平成二十六年四月一日のいずれか遅い日・平成二十七年四月一日・平成二十七年八月一日施行】

第4章 介護老人福祉施設（特別養護老人ホーム）

1. 特別養護老人ホームに要介護3以上の入居制限

　2015（平成27）年4月1日より、介護老人福祉施設（特別養護老人ホーム）に要介護3以上の入居制限が設けられた。ただし、要介護1や2の要介護者であっても、認知症、精神障害、家庭内での虐待などの、やむを得ない事情により、特別養護老人ホーム以外での生活が著しく困難な場合には、市町村の適切な関与の下、施設ごとに設置している入所検討委員会を経て、特例的に入所を認める。その要件は、**図表Ⅱ-4-1**の通りである。また、2015（平成27）年3月31日までにすでに入居している要介護1および2の入居者は制度の変更後も、継続して入居が可能である。制度改正後に入居した人が、次の認定更新において要介護1および2と認定され、改善された場合も、継続して入居できる特例措置が設けられた。特別養護老人ホームについては、入所を望む重度の要介護者の待機者が多数いることなども踏まえ、在宅生活が困難である中重度の要介護高齢者を支える施設としての機能に重点化を図ることとされた。

　特別養護老人ホーム（以下、特養）については、特養入所者に占める要介護3以上の割合は、年々上昇している。在宅で要介護4、5の入所申込者は、2013（平成25）年の調査では約8.7万人であり、重度の要介護者の入所の要望にどのように応えていくかが大きな課題である。重度の要介護状態で、特養への入所を希望しながら、在宅での生活を余儀なくされている高齢者が数多く存在していることなどを踏まえると、特養については、在宅での生活が困難な中重度の要介護者を支える施設としての機能に重点化すべきであり、そのためには、特養への入所を要介護3以上に限定するとされた。

【図表Ⅱ-4-1】 特例入所の判断に当たっての具体的な要件

〔要件〕

○ 認知症であることにより、日常生活に支障を来すような症状・行動や意思疎通の困難さが頻繁に見られ、在宅生活が困難な状態であるか否か。

○ 知的障害・精神障害等を伴い、日常生活に支障を来すような症状・行動や意思疎通の困難さ等が頻繁に見られ、在宅生活が困難な状態であるか否か。

○ 家族等による深刻な虐待が疑われる等により、心身の安全・安心の確保が困難な状態であるか否か。

○ 単身世帯である、同居家族が高齢又は病弱である等により、家族等による支援が期待できず、かつ、地域での介護サービスや生活支援の供給が十分に認められないことにより、在宅生活が困難な状態であるか否か。

出典：全国介護保険担当課長会議資料、2014年7月28日

―― 関連条文 ――

第八条

21 この法律において「地域密着型介護老人福祉施設」とは、老人福祉法第二十条の五に規定する特別養護老人ホーム（入所定員が二十九人以下であるものに限る。以下この項において同じ。）であって、当該特別養護老人ホームに入所する要介護者（厚生労働省令で定める要介護状態区分に該当する状態である者その他居宅において日常生活を営むことが困難な者として厚生労働省令で定めるものに限る。以下この項及び第二十六項において同じ。）に対し、地域密着型施設サービス計画（地域密着型介護老人福祉施設に入所している要介護者について、当該施設が提供するサービスの内容、これを担当する者その他厚生労働省令で定める事項を定めた計画をいう。以下この項において同じ。）に基づいて、入浴、排せつ、食事等の介護その他の日常生活上の世話、機能訓練、健康管理及び療養上の世話を行うことを目的とする施設をいい、「地域密着型介護老人福祉施設入所者生活介護」とは、地域密着型介護老人福祉施設に入所する要介護者に対し、地域密着型施設サービス計画に基づいて行われる入浴、排せつ、食事等の介護その他の日常生活上の世話、機能訓練、健康管理及び療養上の世話をいう。

26 この法律において「介護老人福祉施設」とは、老人福祉法第二十条の五に規定する特別養護老人ホーム（入所定員が三十人以上であるものに限る。以下この項において同じ。）であって、当該特別養護老人ホームに入所する要介護者に対し（以下略）

※介護保険法（平成九年法律第百二十三号）（抄）（第五条関係）【公布日又は平成二十六年四月一日のいずれか遅い日・平成二十七年四月一日・平成二十七年八月一日施行】

2. 特別養護老人ホームの待機者が 52 万人超の現実

　2014（平成26）年 3 月25日に老健局高齢者支援課からのプレスリリース「特別養護老人ホームの入所申込者の状況」によると、2014年 3 月集計における特別養護老人ホームの待機者数は 523,584 人である（**図表Ⅱ-4-2**）。そのうち入所の必要性が高い要介護 4 および 5 で在宅の入所申込者は、約8.7万人である。この集計は各都道府県に対して、1 人で複数の施設に申し込んでいたり、すでに亡くなっているなどの重複等を排除して集計するよう依頼した結果であり、極力、重複数字は省かれている。しかし一部の都道府県では、独自の調査等に基づいて集計が異なり、一部の重複等を含んだ数字でもある。

　同様の調査で2009（平成21）年12月集計での待機者数は42.1万人であった。集計方法が異なるとしても、4 年の間で10万人以上の待機者が増加したことになる。厚労省が公表している「介護給付費実態調査月報」の2009年12月審査分における介護老人福祉施設の請求事業所数は6,160、請求件数は434,000であった。これに対して、2013（平成25）年12月審査分の請求事業所数は6,764、請求件数は488,000である。4 年間で、事業所数は604、請求件数は54,000の増加である。それでも10万人の待機者が増加した。今後、52万人の待機者をなくすためには、100床の特別養護老人ホームを5,200件の新規整備が必要である。さらに高齢化の加速によって待機者が年々増加しており、不足施設数も年々急増している。現実的には、必要な数だけの特別養護老人ホームを整備することはもはや不可能である。要は、今回の制度改正において特別養護老人ホームは数に限りがあるので、入居制限を実施するということである。

　では、要介護 3 以上に入居制限を行った場合、待機者はどうなるのか。先のプレスリリース「特別養護老人ホームの入所申込者の状況」の数字から要介護 3 以上の待機者の数を集計してみると、345,233人となる。今回の制度改正で要介護 3 以上に入居制限を行っても、まだ35万人の待機者がいるのだ。入所の必要性が高い在宅の入所申込者に限っても約15万人の待機者である。新しく施行される介護保険法の条文には、要介護 3 以上

の文字はなく、「厚生労働省令で定める要介護状態区分」と記載されている。近い将来、いつでも厚生労働省令で、入居制限を要介護3から引き上げることが可能な法律であることを申し添えておく。また、介護施設の不足は特別養護老人ホームだけではない。近い将来、介護老人保健施設や介護療養型医療施設においても、入居制限が行われる可能性が高い。

【図表Ⅱ-4-2】 特別養護老人ホームの入所申込者の状況（2014〈平成26年3月集計〉）

	単位	要支援等	要介護1	要介護2	要介護3	要介護4	要介護5	合計
全体	人	9,425	67,052	101,874	126,168	121,756	97,309	523,584
	％	1.8	12.8	19.5	24.1	23.3	18.6	100
在宅	人	5,302	41,860	59,769	66,262	51,473	35,164	259,830
	％	1.0	8.0	11.4	12.7	9.8	6.7	49.6
在宅以外	人	4,123	25,192	42,105	59,906	70,283	62,145	263,754
	％	0.8	4.8	8.0	11.4	13.4	11.9	50.4

※ 入所申込者は、各都道府県で把握している状況を集計したもの。（平成26年3月集計。調査時点は都道府県によって異なる。）
※ 各都道府県に対しては、平成25年度における特別養護老人ホームに入所申し込みを行っている入所申込者について、重複等（注）を排除して集計するよう依頼したものだが、一部の都道府県では独自の調査等に基づき、時点が異なったり、重複等を含んだものとなっている。
（注）1人で複数の施設に申し込んでいる場合、他の特別養護老人ホームに既に入所している場合、申し込んだままお亡くなりになる場合等
※ 要介護度別に把握できていない4府県（神奈川県、京都府、大阪府、鳥取県）は、前回調査時（平成21年度）の要介護度別の割合等を基に推計。

出典：2014（平成26）年3月25日（火）老健局高齢者支援課プレスリリース「特別養護老人ホームの入所申込者の状況」

3. 施設が特例入所を決定する際の手続き

要介護1や2の要介護者であっても、やむを得ない事情により、市町村の適切な関与の下、特例的に入所できることとされた。その要件は、**図表Ⅱ-4-1**の通りである。特例入所の判断は、各施設の入居審査委員会が特例入所の判断を行う。ただし、その判定手続きにおいて市町村の適切な関与が必要とされ、意見を求めることとされた。

■手続きの流れ
(1) 特例入所の要件に該当し、施設以外での生活が著しく困難な理由を入所申込書に付記の上で申し込む。

(2) 施設は入所検討委員会を開催する前に、<u>市町村にその状況を報告する</u>。
(3) 施設は入所検討委員会で特例入所の検討するに当たっては、<u>市町村に意見を求めることができる</u>。
(4) 市町村は特例入所判断の妥当性等について、<u>施設側から意見を求められない場合も施設に対して意見を表明する</u>ことができる。
(5) 施設は市町村からの意見があった場合は<u>当該意見の内容も踏まえ</u>、入所検討委員会において特例入所の必要性を判断する。

　この手続きを見る限り、市町村の意見が強く反映される仕組みであるといえる。これは、措置の時代に一歩か二歩、戻ったと考えるのは著者だけであろうか。

第5章 特定入所者介護（予防）サービス費の見直し

1. 補足給付の評価に資産を勘案

　2005（平成17）年10月の制度改正で、それまで介護給付の対象であった介護施設の個室および食事代金が全額自己負担となった。通常、1か月間介護施設に入所すると食事代で4万円、個室代で5万円の負担が必要となる。介護給付の1割負担分や日用品費などを含めると1か月に13万円前後の自己負担が発生する。これに対して、例えば、国民年金受給者は月額6万円前後の年金収入が一般的であり、1か月間介護施設に入所すると毎月7万円前後の収支不足が起こる。このため、市町村は居住費（滞在費）および食費の負担が低所得者にとって過重な負担とならないよう、その施設入所者の年間所得金額に応じて利用者負担限度額を第1段階から第4段階の4段階に定めて、施設入所にかかる個室代金および食事代金の補助を行っている。これを、特定入所者介護（予防）サービス費という。対象サービスは、介護保険施設サービス・介護療養施設サービス・介護福祉施設サービス・短期入所生活介護・短期入所療養介護である。この補足給付の判定において、これまでの年収が基準とされる所得要件（市町村民税非課税世帯であること）とともに、資産要件を2015（平成27）年8月のサービス提供分より導入する（図表Ⅱ-5-1）。

　具体的な対象資産は「預金・有価証券」とされ、単身者で1,000万円。夫婦で2,000万円以上の預貯金等を有していた場合は年間所得金額が基準以下であっても補足給付の対象とはならない。先に述べたように、例えば国民年金受給者の場合は、月に7万円前後の収支不足が生じるが、今後は自らの預貯金を取り崩して支払いを行うことが求められる。そして、預貯金を取り崩して支払い続けた結果、預金等の残高が1,000万円を切った段階で、

市町村の補足給付が申請によってスタートする仕組みに変わる。

その資産残高の確認方法は、預貯金、有価証券等の額を通帳等の写しとともに自己申告する形となる。不正防止策として必要に応じ市町村は金融機関へ照会することができるとされた。また不正受給に対するペナルティとして罰金が不正受給額の2倍、元本の返済とあわせると3倍の金額の返還および支払いが求められる。

この改正に伴い、それまで毎年6月末で更新を行っていた認定期間が8月1日から7月31日に変更される。そのため、2014(平成26)年度に限り認定期間を7月1日から7月31日の13か月とする特例が設けられた。

補足給付は、経過的かつ低所得者対策としての性格をもつ。しかし、年間の所得金額が低くても、多額の預貯金等の資産を所持していたり、介護施設に入所して住民票を施設に移した結果、世帯が分かれて世帯分離となり、入居者単独の所得での評価の結果として補足給付の対象となっても、その配偶者に負担能力があるようなときも現実にある。介護保険料を財源とした居住費等の補助が受けられることについては、在宅で暮らす利用者や保険料を負担する者との公平性の確保の観点から課題があるため、可能な限り是正していくことが必要である。

対象となる資産については、換金しやすい預貯金等とそれが容易ではない不動産を分けて整理することとして、まず、一定額以上の預貯金等がある利用者を補足給付の対象外とする。預貯金等については、本人と配偶者の貯蓄等の合計額が一定額を上回る場合には、補足給付の対象外となる。現在のところ預貯金等を完全に把握する仕組みがないことから、実務上は当面自己申告の仕組みにより対応せざるを得ない。この点について、新たな不公平が生まれることを懸念する意見が一部にあるが、社会保障・税番号制度が施行されてもただちに預貯金等の把握が可能となるものではない。完璧な預貯金等の把握の仕組みを前提とするならば、当面補足給付への資産の勘案を実現することはできない。それでは、在宅で暮らす利用者や保険料負担者との間にある、大きな不公平を放置することとなる。そのため、現在実施可能な手段を用いて負担の公平化を可能な限り図る。預貯金等の勘案の具体的な実施方法については、市町村の事務負担にも十分に配慮し、

本人の自己申告を基本としつつ、補足給付の申請に際し金融機関への照会について、同意書をもって申請時に本人の同意を得ておき、必要に応じて介護保険法の規定を活用して金融機関への照会を行うこととする。また、不正受給の際の加算金の規定を設けるなどして適切な申告を促す仕組みとする。

　同じ資産であっても、ただちに活用のできない不動産については、預貯金等と異なった取り扱いとなる。この点については、一定額以上の宅地を保有している場合、固定資産税評価額を基準として補足給付の対象外とし、宅地を担保とした貸付を実施することができないかとの検討が社会保障審議会介護保険部会で進められた。

　しかし、こうした事業を実施するためには、貸付の対象者の信用調査や資産の評価の在り方、受給者が死亡した後の債権の回収方法など、事業を実施する上での課題をさらに整理するとともに、市町村が不動産担保貸付の業務を委託することができる外部の受託機関を確保することが必要であり、引き続き導入方法について検討を重ねる継続審議事項とされた。ちなみに、社会保障審議会介護保険部会で検討された固定資産税評価額の基準は評

【図表Ⅱ-5-1】　補足給付の判定フロー

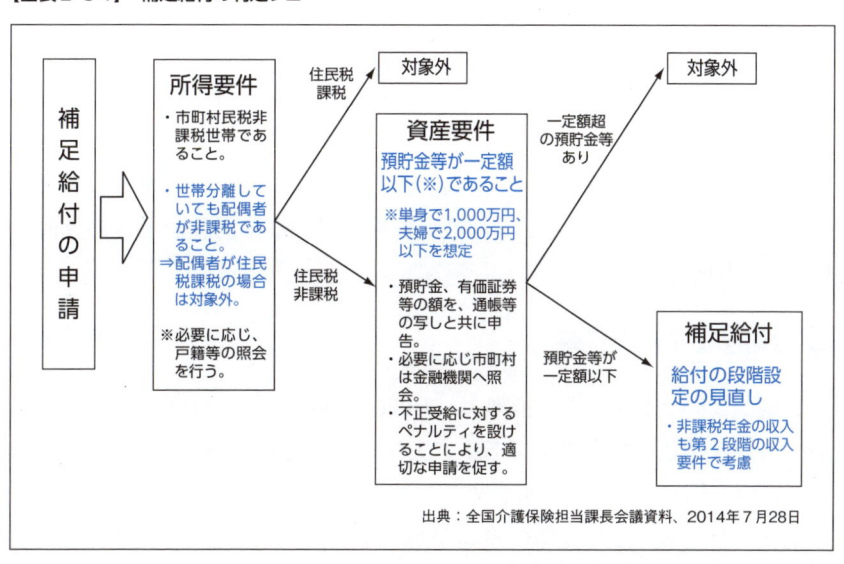

出典：全国介護保険担当課長会議資料、2014年7月28日

価額2,000万円以上が対象であった。今後の改正で不動産等の資産も勘案される可能性が残されている。

2. 配偶者の所得の勘案

今回の改正では、特定入所者介護（予防）サービス費の支給の判定において、配偶者については、一方が特別養護老人ホームに入居するなどして住民票が移動して世帯分離されていたとしても、その配偶者の所得も勘案されて判定されることとなる。そのため、制度改正後は、配偶者が住民税課税者である場合は、特定入所者介護（予防）サービス費の支給対象外となる。これは、同一世帯に課税者の配偶者がいる非課税者が、施設入所等に伴い世帯分離をすることで、単身の非課税世帯となり、補足給付の対象となっている点について、配偶者間には他の親族間より強い生活保持義務があることを踏まえて、世帯分離をしても配偶者の所得を勘案する仕組みとして、配偶者が住民税課税者である場合は、補足給付の対象外とするとされたことによる。

配偶者の有無の確認方法については、申請書に配偶者の氏名、生年月日、住所等の欄を設け、申請に当たり記入する形をとる。また、必要に応じて戸籍の照会を実施する。配偶者の範囲については、婚姻届を提出していない事実婚の場合も「配偶者」に含めるよう省令に規定される。例外事項としては、配偶者からの暴力の防止および被害者の保護等に関する法律に基づく通報があった場合や行方不明の場合などが該当する。配偶者の所得の勘案に伴い、世帯分離して単身の非課税世帯となっている入所者も課税層と同様に扱われることから、現行の課税層に対する特例減額措置の見直しについても検討される。

3. 預貯金等の勘案

資産としての預貯金等の基準としては、単身の場合は1,000万円以下、夫婦の場合は 2,000万円以下である。夫婦のとらえ方は、配偶者の所得の勘案の場合と同じで、事実婚も含める。施設経費等を自分の預金を取り崩して支払った結果、預貯金等の残高が基準を下回った場合は、その時点で特

定入所者介護(予防)サービス費の申請を行って給付を受けることができる。負債がある場合は、預貯金等の残高から差し引くことができるが、高齢者はすでに住宅ローンなども終わっている場合が多く、低所得高齢者の金融資産の大部分は預貯金であることから、相殺する負債がある人は少ないと考えられている。

【預貯金等の範囲】
勘案の対象とする預貯金等の基本的考え方は以下の通りである。
(1) 資産性があるもの、換金性が高いもの、かつ価格評価が容易なもの。
(2) 価格評価を確認できる書類の入手が容易なものについては添付。

【対象とするもの】
(1) 預貯金、信託、有価証券 → 自己申告＋通帳の写し等を添付する。
(2) その他の現金 → 自己申告する。
(3) 負債 → 自己申告＋借用書等の写しにより預貯金等の額から差し引くことができる。

【対象外とするもの】
(1) 生命保険等：保険事故への備えであるので除外する。
(2) 貴金属、その他の動産：市町村による価値の確認が困難であるので除外する。

【不正行為への加算金】
(1) 給付した額の返還に加えて最大給付額の 2 倍の加算金を課すことができる。
(2) 銀行等への預貯金の照会を行うことが可能：市町村が必要に応じて実施する。

預貯金等については、正確な把握ができず不公平とならないかという問題に関しては、現時点では、個人の預貯金等を統一的に把握できる仕組みが存在しないために、自己申告の仕組みにより対応せざるを得ないのが現状である。しかし、完全に資産を把握する仕組みを前提に導入すると、当面の間で資産の勘案を行うことができないのであり、その仕組みの構築を待っていては、特定入所者介護(予防)サービス費の対象とならない在宅利用者や保険料負担者との間の不公平をいつまでも放置することになる。そのため、現時

点で実施可能な手段を用いて、可能な限り負担の公平化を図ることとする(**図表Ⅱ-5-2**)。具体的には、以下の手順を設ける。

(1) 補足給付は、受給を希望する利用者が申請書に必要な書類を添付し、受給要件に該当する旨を申し出る仕組みであるが、その際、本人または代理する家族等は本人の預貯金等の額を申告するとともに、通帳の写し等を添付する。

(2) 補足給付の申請書に、金融機関への調査を行うことがある旨を明記し、あらかじめ調査への同意を得る(**図表Ⅱ-5-3**)。市町村は、介護保険法に基づき、必要に応じて金融機関等への調査を行う。

(3) 不正受給があった場合に3倍以下の額を返還する加算金の規定を設け、補足給付の申請者には、こうした加算金が課されることを申請書等に記載して周知する。

現実には、これらの申請手続きや預金残高の確認は介護施設の相談員の業務になると考えられる。施設には、適切な管理・確認体制が求められる。

【図表Ⅱ-5-2】 預貯金等勘案関係の実務上の課題と対応の方向

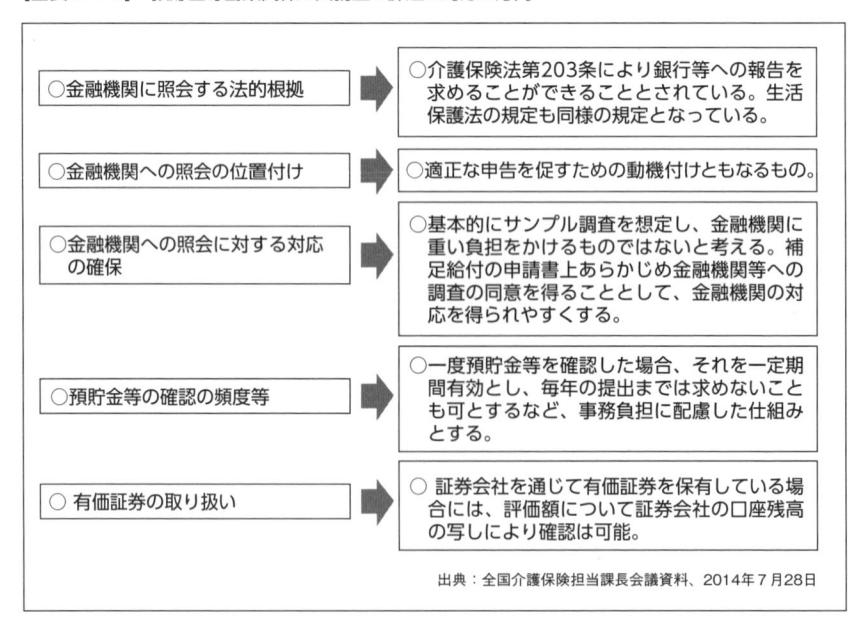

課題	対応の方向
○金融機関に照会する法的根拠	○介護保険法第203条により銀行等への報告を求めることができることとされている。生活保護法の規定も同様の規定となっている。
○金融機関への照会の位置付け	○適正な申告を促すための動機付けともなるもの。
○金融機関への照会に対する対応の確保	○基本的にサンプル調査を想定し、金融機関に重い負担をかけるものではないと考える。補足給付の申請書上あらかじめ金融機関への調査の同意を得ることとして、金融機関の対応を得られやすくする。
○預貯金等の確認の頻度等	○一度預貯金等を確認した場合、それを一定期間有効とし、毎年の提出までは求めないことも可とするなど、事務負担に配慮した仕組みとする。
○有価証券の取り扱い	○証券会社を通じて有価証券を保有している場合には、評価額について証券会社の口座残高の写しにより確認は可能。

出典:全国介護保険担当課長会議資料、2014年7月28日

【図表Ⅱ-5-3】 同意書

同　意　書

　介護保険負担限度額認定のために必要があるときは、官公署、年金保険者又は銀行、信託会社その他の機関に私及び配偶者の課税状況及び保有する預貯金並びに有価証券等の残高について、照会することに同意します。

　　　　年　月　日

　＜本人＞
　　　住所
　　　氏名　　　　　　　　　　　　　　　　　　印

　＜配偶者＞
　　　住所
　　　氏名　　　　　　　　　　　　　　　　　　印

出典：全国介護保険担当課長会議資料、2014年7月28日

> ─ 資産等の照会に係る根拠規定 ─
> （資料の提供等）
> 第二百三条　市町村は、保険給付及び保険料に関して必要があると認めるときは、被保険者、第一号被保険者の配偶者若しくは第一号被保険者の属する世帯の世帯主その他その世帯に属する者の資産若しくは収入の状況又は被保険者に対する老齢等年金給付の支給状況につき、官公署若しくは年金保険者に対し必要な文書の閲覧若しくは資料の提供を求め、又は銀行、信託会社その他の機関若しくは被保険者の雇用主その他の関係人に報告を求めることができる。
> ※介護保険法（平成9年法律第123号）（抄）

4. 非課税年金の勘案（2016〈平成28〉年8月施行）

　制度改正前は、補足給付受給者の利用者負担限度額の区分である第1段階から第4段階のうち、第2段階と第3段階は、年金収入および合計所得金額の合計額で判定している。2016（平成28）年8月より、非課税年金の額もこの額に含めて判定される。遺族年金や障害年金といった非課税年金については、税法上では課税収入としては算定されないため、補足給付の段階の判定に当たっても年金収入としては反映されず、老齢年金と同じ年金であっても、給付の額を決定する上での取り扱いが異なっている。この点について、補足給付の段階の判定に当たっては非課税年金も収入として勘案することが適当であるが、そのなかでも福祉の性格が強い障害年金を収入の判定に勘案することを懸念する意見も一部にあったことは事実である。

　非課税年金の額を含めて判定するために、市町村に対して、年金保険者から非課税年金にかかる情報を提供する仕組みを新たに設ける。非課税年金の情報が市町村に提供される仕組みを検討し、非課税年金に関する情報提供システムを構築する必要があるなどの関係から、非課税年金の勘案は制度改正に1年遅れて、2016（平成28）年8月より実施される。

　【勘案する年金】
　・国民年金法による遺族基礎年金
　・障害基礎年金
　・厚生年金保険法による遺族厚生年金
　・障害厚生年金
　・共済各法による遺族共済年金

・障害共済年金 等

5. 資産勘案等の見直しの理由

　介護保険では、2005（平成17）年10月から介護施設の費用のうちの食費や居住費（個室）、いわゆるホテルコストは保険給付の対象外となり全額自己負担となったが、住民税非課税世帯の利用者については、申請に基づき、市町村が食費・居住費の一部を補助する補足給付を支給している。これに対して、施設入居者のみを対象としたホテルコストの補助制度は不公平であり、さらに補足給付は収入要件だけで支給され、預金などの資産要件はないことは問題である——という批判的な意見があった。これは、同じように宿泊を伴うサービスである、グループホームや小規模多機能型、食事の提供が発生する通所介護や通所リハビリテーション等の在宅サービスの利用者に対しては、公的な居住費や食事代の補助は一切ないことを指す。さらに、保有資産を多くもっている高齢者が多い現状のなかで、年金を中心とした年間所得だけを補助の基準とすることへの問題提起があった。今回の制度改正は、本来の給付と異なった福祉的な性格や経過的な性格をもつ補足給付については、食費や居住費を負担して在宅で生活する利用者との公平性を図る意味がある。さらに、多額の預貯金等を保有して負担能力があるにもかかわらず、年間所得が低いだけで介護保険料を財源とした補足給付が行われることの不公平を是正する目的で、一定額を超える預貯金等の資産のある利用者を給付の対象外とする等の見直しが実施されることになった。

6. 移行時期の特例

　特定入所者介護（予防）サービス費の更新手続きの期日は、6月末から7月末に変更される。これに伴って、制度移行期である2015（平成27）年7月においては、特定入所者介護（予防）サービス費の支給にかかる認定について保険者の事務負担を軽減する等の観点から、2014（平成26）年7月1日に行う更新認定は、2014年7月1日から2015（平成27）年7月末日までの13か月間を対象として行うことができるよう特例措置を設けるものとされた。また、介護保険法施行規則（1999〈平成11〉年厚生省令第36号）

に規定する特定入所者介護（予防）サービス費の受給要件について、それぞれ、2015年7月にサービスを受けた被保険者については前年度の課税情報（前々年の所得）により認定するものとする。これは、更新手続きの期日が、6月末から7月末への変更の狭間にある2015年7月は本来、1か月だけの認定を行わなければならないことへの経過措置である（附則第27条から第30条まで関係）。

関連条文

（不正利得の徴収等）
第二十二条　偽りその他不正の行為によって保険給付を受けた者があるときは、市町村は、その者からその給付の価額の全部又は一部を徴収することができるほか、<u>当該偽りその他不正の行為によって受けた保険給付が第五十一条の三第一項の規定による特定入所者介護サービス費の支給、第五十一条の四第一項の規定による特例特定入所者介護サービス費の支給、第六十一条の三第一項の規定による特定入所者介護予防サービス費の支給又は第六十一条の四第一項の規定による特例特定入所者介護予防サービス費の支給であるときは、市町村は、厚生労働大臣の定める基準により、その者から当該偽りその他不正の行為によって支給を受けた額の百分の二百に相当する額以下の金額を徴収することができる。</u>

（特定入所者介護サービス費の支給）
第五十一条の三　市町村は、要介護被保険者のうち所得及び資産の状況その他の事情をしん酌して厚生労働省令で定めるものが、次に掲げる指定施設サービス等、指定地域密着型サービス又は指定居宅サービス（以下この条及び次条第一項において「特定介護サービス」という。）を受けたときは、当該要介護被保険者（以下この条及び次条第一項において「特定入所者」という。）に対し、当該特定介護サービスを行う介護保険施設、指定地域密着型サービス事業者又は指定居宅サービス事業者（以下この条において「特定介護保険施設等」という。）における食事の提供に要した費用及び居住又は滞在（以下「居住等」という。）に要した費用について、特定入所者介護サービス費を支給する。ただし、当該特定入所者が、第三十七条第一項の規定による指定を受けている場合において、当該指定に係る種類以外の特定介護サービスを受けたときは、この限りでない。

※介護保険法（平成九年法律第百二十三号）（抄）（第五条関係）【公布日又は平成二十六年四月一日のいずれか遅い日・平成二十七年四月一日・平成二十七年八月一日施行】

介護保険法（平成九年法律第百二十三号）第五十一条の二第二項第一号及び第六十一条の二第二項第一号の規定に基づき、介護保険法第五十一条の二第二項第一号及び第六十一条の二第二項第一号に規定する食費の負担限度額を次のように定め、平成十七年十月一日から適用する。ただし、特定介護サービスを受ける日の属する月が平成二十七年七月である介護保険法施行規則（平成十一年厚生省令第三十六号）第八十三条の五第一号に掲げる者又は特定介護予防サービスを受ける日の属する月が平成二十七年七月である同令第九十七条の三第一号に掲げる者に係るこの告示の適用については、表の四の項中「一月から六月まで」とあるのは、「一月から七月まで」とする。

※介護保険法第五十一条の三第二項第一号及び第六十一条の三第二項第一号に規定する食費の負担限度額（平成十七年厚生労働省告示第四百十三号）（第四関係）

第6章 住所地特例の見直し

1. サービス付き高齢者向け住宅の住所地特例の適用（賃貸借契約）

　有料老人ホームであるサービス付き高齢者向け住宅について、特定施設として住所地特例の対象とする（**図表Ⅱ-6-1**）。これによって2015（平成27）年4月1日以降の入居者から、有料老人ホームに該当するサービス付き高齢者向け住宅の「賃貸借契約」に対しても、住所地特例の対象とする。サービス付き高齢者向け住宅が多く立地する保険者の保険料負担を考慮し、その他の有料老人ホームとの均衡を踏まえると、有料老人ホームに該当するサービス付き高齢者向け住宅についても、住所地特例の対象としていくことが必要とされた。

　これまでもサービス付き高齢者向け住宅は、住宅型有料老人ホームなどと同様に、入居時に入居一時金を払うことで終身利用できる利用権方式[注]での契約の場合のみ、住所地特例の対象となっていたが、毎月支払い契約の「賃貸借契約」はその対象外であった。また、介護付き有料老人ホームなどの特定施設は住所地特例の対象となるが、例外として、サービス付き高齢者向け住宅のうち「賃貸借方式のもの」でかつ「特定施設入居者生活介護を提供していないもの」は、特定施設に該当しても、住所地特例の対象外であった。

　今回の適用基準で、「有料老人ホームに該当」とは、老人福祉法第29条

注）利用権方式
　入居時に入居一時金を払い、専用居室や共有スペースを終身にて利用でき、居住部分と介護や生活支援等のサービス部分の契約が一体になった契約方式。サービス付き高齢者向け住宅の場合、補助金の対象とはならないが、賃貸住宅に該当せず住所地特例の対象となる。

第1項に規定する「食事の提供」「入浴等の介護」「調理等の家事」「健康の維持増進」サービスのうち、いずれかを提供する事業を行う施設であることをいう。そのサービス提供は、事業者が自ら提供か、委託かにかかわらず、提供の実態があれば有料老人ホームに該当する。その提供の有無の把握方法は、登録事項のサービス提供の記載を参考にする。安否確認と生活相談サービスだけを提供するサービス付き高齢者向け住宅は、住所地特例の対象とはならないが、サービス付き高齢者向け住宅の94％は食事の提供等が行われており、今回の改正で大部分のサービス付き高齢者向け住宅が住所地特例の対象となる。

ただし、すでにサービス付き高齢者向け住宅に入居している入居者は住所地特例の対象とならず、2015（平成27）年4月1日以降の入居者から住所地特例の対象となる。サービス付き高齢者向け住宅の事業者は、住所地特例の対象となるためには、事前に介護保険法施行規則第25条第1項および第2項に規定する住所地特例の適用・変更に関する届出を保険者に提

【図表Ⅱ-6-1】　住所地特例制度とは

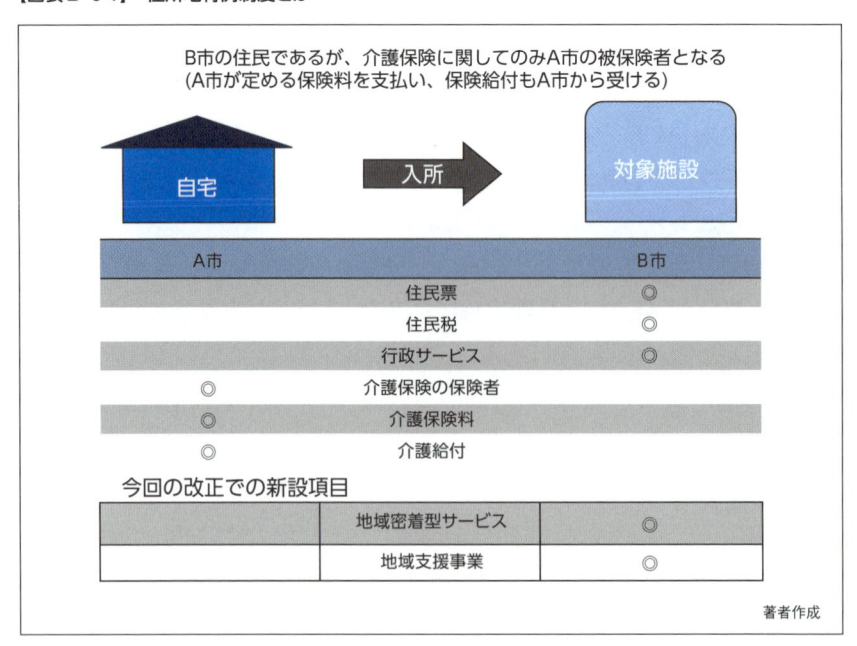

B市の住民であるが、介護保険に関してのみA市の被保険者となる
（A市が定める保険料を支払い、保険給付もA市から受ける）

自宅 → 入所 → 対象施設

	A市	B市
住民票		◎
住民税		◎
行政サービス		◎
介護保険の保険者	◎	
介護保険料	◎	
介護給付	◎	

今回の改正での新設項目

	地域密着型サービス	◎
	地域支援事業	◎

著者作成

出する必要がある。

2. 住所地特例対象者の地域密着型サービス等の利用

　従来の住所地特例の制度には介護サービスの利用の上で問題があった。それは、市町村が行う地域密着型サービスは、その市町村の住民しか利用できないという地域の利用者制限である。住所地特例の対象者の保有する介護保険被保険者証は、住民票のある現在の居住地の発行されたものではなく、それ以前に居住していた市町村の発行である。そのため、地域密着型サービスを住所地特例対象者は利用できないのである。また、地域密着型サービスと同じ扱いとなる市町村の総合事業（介護予防・日常生活支援総合事業）もその利用制限の対象となる。

　今回の制度改正において、一部のサービスを除き、新設された特定地域密着型サービスのカテゴリー内に限って、住所地特例対象者も地域密着型サービスおよび総合事業を利用できることなった。ただし、地域密着型サービスの指定事業所がない地域も存在するために、その場合は、転居前の市町村の指定による地域密着型サービスを利用することも可能である。介護予防支援は、住所地特例対象施設の所在地の地域包括支援センターが提供する。住所地特例対象者が利用可能となる特定地域密着型サービスのカテゴリーは、通常の地域密着型サービスから、認知症対応型共同生活介護、地域密着型特定施設入居者生活介護、地域密着型介護老人福祉施設入所者生活介護の3つを除いたものが該当する。この除かれた3つのサービスは入居を伴うサービスであるので、住所地特例対象者には直接の影響はない。住所地特例対象者が利用可能となる総合事業を特定介護予防・日常生活支援総合事業という。ただし、任意事業については、保険者市町村も行うことができる仕組みになっており、事業の内容、例えば、給付費適正化事業などによっては、引き続き保険者（市町村）が行うこととなる。

　このように、従来の住所地特例の制度では、住宅型有料老人ホームのように外部のサービス等を利用しようとする場合において、入居者が住所地の市町村の指定した地域密着型サービスや地域支援事業を事実上使えないという課題があり、今回の住所地特例の対象となるサービス付き高齢者向け住

宅についても同様の課題が生じる可能性があることから、地域包括ケアシステム構築の考え方に沿って、住所地特例対象者については、住所地市町村の指定を受けた地域密着型サービスや住所地市町村の地域支援事業を利用できることとし、その費用についても事務負担に配慮しつつ市町村間で調整できるように変更されたのである。

関連条文

（住所地特例対象施設に入所又は入居中の被保険者の特例）
第十三条　次に掲げる施設（以下「住所地特例対象施設」という。）に入所又は入居（以下「入所等」という。）をすることにより当該住所地特例対象施設の所在する場所に住所を変更したと認められる被保険者（第三号に掲げる施設に入所することにより当該施設の所在する場所に住所を変更したと認められる被保険者にあっては、老人福祉法第十一条第一項第一号の規定による入所措置がとられた者に限る。以下この項及び次項において「住所地特例対象被保険者」という。）であって、当該住所地特例対象施設に入所等をした際他の市町村（当該住所地特例対象施設が所在する市町村以外の市町村をいう。）の区域内に住所を有していたと認められるものは、第九条の規定にかかわらず、当該他の市町村が行う介護保険の被保険者とする。ただし、二以上の住所地特例対象施設に継続して入所等をしている住所地特例対象被保険者であって、現に入所等をしている住所地特例対象施設（以下この項及び次項において「現入所施設」という。）に入所等をする直前に入所等をしていた住所地特例対象施設（以下この項において「直前入所施設」という。）及び現入所施設のそれぞれに入所等をすることにより直前入所施設及び現入所施設のそれぞれの所在する場所に順次住所を変更したと認められるもの（次項において「特定継続入所被保険者」という。）については、この限りでない。
一　（略）
<u>二　特定施設</u>
<u>3　第一項の規定により同項に規定する当該他の市町村が行う介護保険の被保険者とされた者又は前項の規定により同項各号に定める当該他の市町村が行う介護保険の被保険者とされた者（以下「住所地特例適用被保険者」という。）</u>が入所等をしている住所地特例対象施設は、当該住所地特例対象施設の所在する市町村（<u>以下「施設所在市町村」という。</u>）及び当該<u>住所地特例適用被保険者に対し介護保険を行う市町村に、必要な協力をしなければならない。</u>
（介護予防サービス計画費の支給）
第五十八条　市町村は、居宅要支援被保険者が、当該市町村（<u>住所地特例適用居宅要支援被保険者に係る介護予防支援にあっては、施設所在市町村</u>）の長が指定する者（以下「指定介護予防支援事業者」という）から当該指定に係る介護予防支援事業を行う事業所により行われる介護予防支援（以下「指定介護予防支援」という。）を受けたときは、当該居宅要支援被保険者に対し、当該指定介護予防支援に要した費用について、介護予防サービス計画費を支給する。
（指定地域密着型介護予防サービス事業者の指定）
第百十五条の十二　第五十四条の二第一項本文の指定は、厚生労働省令で定めるところにより、地域密着型介護予防サービス事業を行う者の申請により、地域密着型介護予防サービスの種類及び当該地域密着型介護予防サービスの種類に係る地域密着型介護予防サービス事業を行う事業所（以下この節において「事業所」という。）ごとに行い、当該指定をする市町村長がその

長である市町村が行う介護保険の被保険者（特定地域密着型介護予防サービスに係る指定にあっては、当該市町村の区域内に所在する住所地特例対象施設に入所等をしている住所地特例適用居宅要支援被保険者を含む。）に対する地域密着型介護予防サービス費及び特例地域密着型介護予防サービス費の支給について、その効力を有する。
（地域支援事業）
第百十五条の四十五　市町村は、被保険者（当該市町村が行う介護保険の住所地特例適用被保険者を除き、当該市町村の区域内に所在する住所地特例対象施設に入所等をしている住所地特例適用被保険者を含む。第三項第三号及び第百十五条の四十九を除き、以下この章において同じ。）の要介護状態等となることの予防又は要介護状態等の軽減若しくは悪化の防止及び地域における自立した日常生活の支援のための施策を総合的かつ一体的に行うため、厚生労働省令で定める基準に従って、地域支援事業として、次に掲げる事業（以下「介護予防・日常生活支援総合事業」という。）を行うものとする。

第7章 ケアマネジメント

1. 居宅介護支援の指定権限が都道府県から市町村へ移譲

　2018（平成30）年4月1日から、居宅介護支援事業所の指定権限を都道府県から市町村に移譲する。これは地域包括ケアシステムの構築に関連して、市町村の機能強化の一環として介護支援専門員（ケアマネジャー）の育成や指導、支援に市町村がもっと関与できるようにするための移行である。地域包括ケアの理念である、高齢者が住み慣れた地域で自立した日常生活を営めるようにするためには、地域包括ケアシステムの構築を進めるとともに、高齢者の自立支援に役立つケアマネジメントが必要となってくることから、地域の中でケアマネジメントの役割を担っている介護支援専門員の育成や支援などに市町村が積極的に関わることが必要である。保険者機能の強化という観点から居宅介護支援事業者の指定権限が市町村へ移譲される。

　2015（平成27）年の介護保険法改正において、各都道府県の政令指定都市および中核都市に関しては、すでに特例によって居宅介護支援事業者の指定権限が移譲されているが、一般の市町村は都道府県が指定権者となっている。現在、都道府県が窓口となっている新規許認可手続き、変更手続き、指定更新手続きがすべて市町村に窓口が移る。同時に勧告や命令、指定取消といった行政処分の権限が市町村長に移譲されるため、実地指導や監査の実施も市町村の指導に移行する。指定権限の移譲では、市町村は指定基準等の条例の制定が必要であるが、市町村の事務軽減措置として条例の制定については1年間の経過措置が設けられる。市町村が条例を設けるまでの期間は都道府県における従来の基準が適用される。実地指導が市町村に移ることで、市町村ごとのローカルルールが新たにできることが憂慮される。また、移譲後は、それまでの都道府県の指導と市町村の指導が異なることが

考えられるので注意が必要である。移行当初は特に、不明点や疑問点は都度、市町村の担当窓口に確認するなどの配慮が求められる。その場合、保険者の担当窓口に確認する時は、可能な限り法令の条文、利用者の現状に関する資料や他の調査した同様のケースの事例等を準備して、具体的に現状を説明して対応方法を確認すべきである。曖昧な質問に対しては、曖昧な返答しか返ってこないものであり、そのような状況は後日トラブルを招くだけである。

関連条文

(指定居宅介護支援事業者の指定)
第七十九条 (略)
2 市町村長は、前項の申請があった場合において、次の各号のいずれかに該当するときは、第四十六条第一項の指定をしてはならない。
一 申請者が市町村の条例で定める者でないとき。
二 当該申請に係る事業所の介護支援専門員の人員が、第八十一条第一項の市町村の条例で定める員数を満たしていないとき。
第八十一条 指定居宅介護支援事業者は、当該指定に係る事業所ごとに、市町村の条例で定める員数の介護支援専門員を有しなければならない。
2 前項に規定するもののほか、指定居宅介護支援の事業の運営に関する基準は、市町村の条例で定める。
3 市町村が前二項の条例を定めるに当たっては、次に掲げる事項については厚生労働省令で定める基準に従い定めるものとし、その他の事項については厚生労働省令で定める基準を参酌するものとする。
(市町村長等による連絡調整又は援助)
第八十二条の二
2 都道府県知事は、同一の指定居宅介護支援事業者について二以上の市町村長が前項の規定による連絡調整又は援助を行う場合において、当該指定居宅介護支援事業者による第八十一条第五項に規定する便宜の提供が円滑に行われるため必要があると認めるときは、当該市町村長相互間の連絡調整又は当該指定居宅介護支援事業者に対する市町村の区域を超えた広域的な見地からの助言その他の援助を行うことができる。
(指定の取消し等)
第八十四条 市町村長は、次の各号のいずれかに該当する場合においては、当該指定居宅介護支援事業者に係る第四十六条第一項の指定を取り消し、又は期間を定めてその指定の全部若しくは一部の効力を停止することができる。
一 (略)
二 指定居宅介護支援事業者が、当該指定に係る事業所の介護支援専門員の人員について、第八十一条第一項の市町村の条例で定める員数を満たすことができなくなったとき。
※介護保険法(平成九年法律第百二十三号)(抄)(第六条関係)【平成二十八年四月一日までの間において政令で定める日・平成三十年四月一日施行】

2. 介護支援専門員実務研修受講試験の受験要件の見直し

　介護支援専門員実務研修受講試験の受験要件は、現在のところ「保健・医療・福祉に係る法定資格保有者、<u>相談援助業務従事者及び介護等の業務従事者であって定められた実務経験期間を満たした者が受験対象者</u>」となっているが、介護支援専門員に求められる資質や専門性の向上を図っていくため、「保健・医療・福祉に係る法定資格保有者または<u>生活相談員等の相談援助業務従事者であって定められた実務経験期間を満たした者を受験対象者</u>」とする見直しを行うとしている（下線、著者）。生活相談員などは一般的に介護福祉士や社会福祉士の有資格者が要件として求められるので、実質的に介護福祉士などの国家資格者が受験対象者となり、従来は受験が可能である、ホームヘルパー（訪問介護員）資格者等が実務経験で受験することができなくなる。その変更の時期などは今後に通知される。

　また、介護支援専門員実務研修受講試験における解答免除については、「『介護支援専門員実務研修受講試験の実施について』の一部改正ついて」（老発0331第5号平成26年3月31日付老健局長通知）において、2015（平成27）年度の介護支援専門員実務研修受講試験から解答免除の特例が廃止されることが通知されている。

　ケアマネジメントの見直しについては、厚生労働省老健局において、2012（平成24）年3月28日を第1回として「介護支援専門員の資質向上と今後のあり方に関する検討会」が開催され、計7回の開催を経て、2013（平成25）年1月7日に中間的な整理がまとめられた。検討会では、自立支援に資するケアマネジメントを推進するとともに、地域包括ケアシステムを構築していくなかで、多職種協働や医療との連携を推進していくことが確認された。報告書では、介護支援専門員自身の資質向上と自立支援に資するケアマネジメントに向けた環境整備への対応の方向性がまとめられた。その結果として、介護支援専門員実務研修受講試験の受講要件の見直し、介護支援専門員の研修制度の見直しなど、介護支援専門員の資質向上を図り、ケアマネジメントの質を向上させるための取り組みを進める必要があるとされた。

3. 介護支援専門員の研修カリキュラムの見直し

　制度改正のなかで、介護支援専門員の研修カリキュラムの見直しが行われ、厚生労働大臣が定める介護支援専門員等に係る研修の基準（平成十八年厚生労働省告示第二百十八号）が改正された。新しい介護支援専門員実務研修、介護支援専門員専門研修および主任介護支援専門員研修の研修課程の施行日は2016（平成28）年4月1日である。2014（平成26）年6月2日に告示を公布、7月4日に関連通知が出された。介護支援専門員実務研修、介護支援専門員再研修および実務未経験者に対する更新研修については、2016（平成28）年度の介護支援専門員実務研修受講試験に係る合格発表の日となる（**図表Ⅱ-7-1**）。

　今回の介護保険法改正において、第69条の34第3項が新設された。介護支援専門員は専門職として、これまで以上に自己研鑽に努める必要があることを介護保険法の本法に記載されたことになる。介護支援専門員の資質向上は、多職種協働や医療との連携を推進するとともに、自立支援に資するケアマネジメントを推進するためである。

　研修カリキュラムの見直しの内容は以下の通りである。

　介護支援専門員実務研修受講試験の合格後に実施する実務研修（44時間）は、従来は任意研修であった実務従事者基礎研修（33時間）と統合されて、実務研修（87時間）となる（**図表Ⅱ-7-2**）。更新時講習の専門研修課程Ⅰが23時間増の56時間、専門研修課程Ⅱが12時間増の32時間とそれぞれの受講時間が大幅に増える（**図表Ⅱ-7-3**）。主任介護支援専門員研修も6時間増の70時間となり、主任介護支援専門員の更新制への移行に伴って、新たに主任介護支援専門員更新研修46時間が追加される（**図表Ⅱ-7-4**）。各研修における内容を理解し、専門職として修得しておくべき知識・技術の到達目標に達しているかどうかの確認を図るため、研修修了時に修了評価の実施が導入される。

　この研修カリキュラムの内容で驚くことは、地域包括ケアシステムの理解などとともに、医療・介護の連携、基本疾病の知識、看取りなど、医療関連知識のカリキュラムが多数追加されたことである。今後は制度として医療・介

【図表Ⅱ-7-1】 介護支援専門員(ケアマネジャー)の研修制度の見直し

介護支援専門員実務研修受講試験 →(合格)→ 実務研修(44時間) → [任意研修] 実務従事者基礎研修(33時間) → [実務従事者が対象] 専門研修課程Ⅰ(33時間) → 専門研修課程Ⅱ(20時間) → 主任介護支援専門員研修(64時間)

研修制度の見直し(平成28年度の研修※から)
統合 / 更新研修

介護支援専門員実務研修受講試験 →(合格)→ 実務研修(87時間) → 専門研修課程Ⅰ(56時間) → 専門研修課程Ⅱ(32時間) → 主任介護支援専門員研修(70時間) → 主任介護支援専門員更新研修(46時間)※創設予定
更新研修 [実務従事者が対象]

※ 実務研修等は平成28年度の介護支援専門員実務研修受講試験の合格発表の日から、専門研修等は平成28年4月1日から施行。
※ 平成26年6月2日告示公布

出典:全国介護保険担当課長会議資料、2014年7月28日

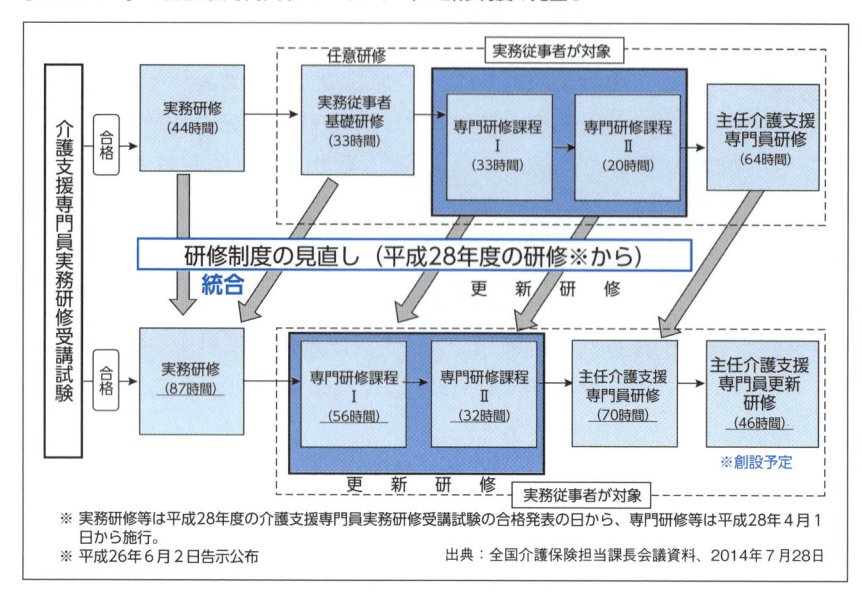

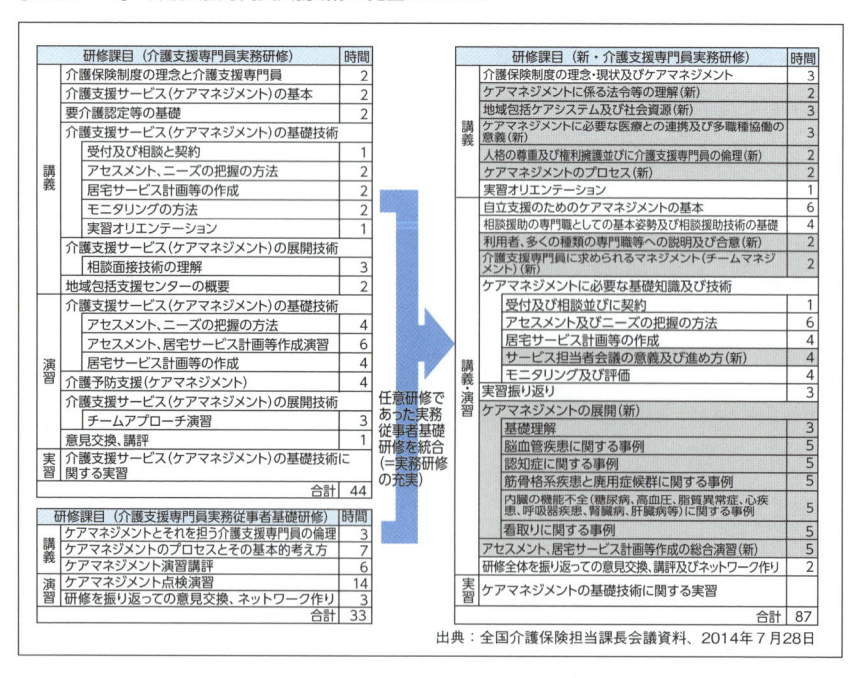

【図表Ⅱ-7-2】 介護支援専門員実務研修の見直しについて

研修科目(介護支援専門員実務研修)		時間
講義	介護保険制度の理念と介護支援専門員	2
	介護支援サービス(ケアマネジメント)の基本	2
	要介護認定等の基礎	2
	介護支援サービス(ケアマネジメント)の基礎技術	
	受付及び相談と契約	1
	アセスメント、ニーズの把握の方法	2
	居宅サービス計画等の作成	2
	モニタリングの方法	2
	実習オリエンテーション	1
	介護支援サービス(ケアマネジメント)の展開技術	
	相談面接技術の理解	3
	地域包括支援センターの概要	2
演習	介護支援サービス(ケアマネジメント)の基礎技術	
	アセスメント、ニーズの把握の方法	4
	アセスメント、居宅サービス計画等作成演習	6
	居宅サービス計画等の作成	4
	介護予防支援(ケアマネジメント)	4
	介護支援サービス(ケアマネジメント)の展開技術	
	チームアプローチ演習	3
	意見交換、講評	1
実習	介護支援サービス(ケアマネジメント)の基礎技術に関する実習	
	合計	44

研修科目(介護支援専門員実務従事者基礎研修)		時間
講義	ケアマネジメントとそれを担う介護支援専門員の倫理	3
	ケアマネジメントのプロセスとその基本的考え方	7
	ケアマネジメント演習講評	6
演習	ケアマネジメント点検演習	14
	研修を振り返っての意見交換、ネットワーク作り	3
	合計	33

任意研修であった実務従事者基礎研修を統合(=実務研修の充実)

研修科目(新・介護支援専門員実務研修)		時間
講義	介護保険制度の理念・現状及びケアマネジメント	3
	ケアマネジメントに係る法令等の理解(新)	2
	地域包括ケアシステム及び社会資源(新)	3
	ケアマネジメントに必要な医療との連携及び多職種協働の意義(新)	3
	人格の尊重及び権利擁護並びに介護支援専門員の倫理(新)	2
	ケアマネジメントのプロセス(新)	2
	実習オリエンテーション	1
	自立支援のためのケアマネジメントの基本	6
	相談援助の専門職としての基本姿勢及び相談援助技術の基礎	4
	利用者、多くの種類の専門職等への説明及び合意(新)	2
	介護支援専門員に求められるマネジメント(チームマネジメント)(新)	2
講義・演習	ケアマネジメントに必要な基礎知識及び技術	
	受付及び相談並びに契約	1
	アセスメント及びニーズの把握の方法	6
	居宅サービス計画等の作成	4
	サービス担当者会議の意義及び進め方(新)	4
	モニタリング及び評価	4
	実習振り返り	3
	ケアマネジメントの展開(新)	
	基礎理解	3
	脳血管疾患に関する事例	5
	認知症に関する事例	5
	筋骨格系疾患と廃用症候群に関する事例	5
	内臓の機能不全(糖尿病、高血圧、脂質異常症、心疾患、呼吸器疾患、腎臓病、肝臓病等)に関する事例	5
	看取りに関する事例	5
	アセスメント、居宅サービス計画作成の総合演習(新)	5
	研修全体を振り返っての意見交換、講評及びネットワーク作り	2
実習	ケアマネジメントの基礎技術に関する実習	
	合計	87

出典:全国介護保険担当課長会議資料、2014年7月28日

【図表Ⅱ-7-3】 介護支援専門員専門研修の見直しについて

	研修課目（専門研修Ⅰ）	時間
講義	介護保険制度論	2
	対人個別援助	2
	ケアマネジメントとそれを担う介護支援専門員の倫理	1
	ケアマネジメントのプロセスとその基本的考え方	3
	保健医療福祉の基礎理解「高齢者の疾病と対処及び主治医との連携」	4
	保健医療福祉の基礎理解「社会資源活用」	3
	保健医療福祉の基礎理解「人格の尊重及び権利擁護」※	2
	保健医療福祉の基礎理解「リハビリテーション」※	3
	保健医療福祉の基礎理解「認知症高齢者・精神疾患」※	3
	サービスの活用と連携「訪問介護・訪問入浴介護」※	3
	サービスの活用と連携「訪問看護・訪問リハビリテーション」※	3
	サービスの活用と連携「居宅療養管理指導」※	3
	サービスの活用と連携「通所介護・通所リハビリテーション」※	3
	サービスの活用と連携「短期入所・介護保険施設」※	3
	サービスの活用と連携「介護保険施設・認知症対応型共同生活介護・特定施設入居者生活介護」※	3
	サービスの活用と連携「福祉用具・住宅改修」※	3
演習	対人個別援助技術（ソーシャルケースワーク）	9
	※3課目を選択して受講 合計	33

	研修課目（専門研修Ⅱ）	時間
講義	介護支援専門員特別講義	2
	介護支援専門員の課題	3
	「居宅介護支援」事例研究 ※1	6
	「施設介護支援」事例研究 ※2	6
演習	サービス担当者会議演習	3
	「居宅介護支援」演習 ※1	6
	「施設介護支援」演習 ※2	6
	※1か※2を選択して受講 合計	20

	研修課目（専門研修Ⅰ）	時間
講義	介護保険制度及び地域包括ケアシステムの現状	3
	対人個別援助技術及び地域援助技術	3
	ケアマネジメントの実践における倫理	2
	ケアマネジメントに必要な医療との連携及び多職種協働の実践(新)	4
	個人での学習及び介護支援専門員相互間の学習(新)	2
	ケアマネジメントにおける実践の振り返り及び課題の設定	12
講義・演習	ケアマネジメントの演習(新)	
	リハビリテーション及び福祉用具の活用に関する事例	4
	看取り等における看護サービスの活用に関する事例	4
	認知症に関する事例	4
	入退院時等における医療との連携に関する事例	4
	家族への支援の視点が必要な事例	4
	社会資源の活用に向けた関係機関との連携に関する事例	4
	状態に応じた多様なサービス（地域密着型サービス、施設サービス等）の活用に関する事例	4
	研修全体を振り返っての意見交換、講評及びネットワーク作り(新)	2
	合計	56

	研修課目（専門研修Ⅱ）	時間
講義	介護保険制度及び地域包括ケアシステムの今後の展開	4
	ケアマネジメントにおける実践事例の研究及び発表(新)	4
講義・演習	リハビリテーション及び福祉用具の活用に関する事例	4
	看取り等における看護サービスの活用に関する事例	4
	認知症に関する事例	4
	入退院時等における医療との連携に関する事例	4
	家族への支援の視点が必要な事例	4
	社会資源の活用に向けた関係機関との連携に関する事例	4
	状態に応じた多様なサービス（地域密着型サービス、施設サービス等）の活用に関する事例	4
	合計	32

出典：全国介護保険担当課長会議資料、2014年7月28日

【図表Ⅱ-7-4】 主任介護支援専門員研修の見直しについて

	研修課目	時間
講義	対人援助者監督指導（スーパービジョン）	6
	地域援助技術（コミュニティソーシャルワーク）	3
	人事・経営管理に関する講義	3
	主任介護支援専門員の役割と視点	5
	ケアマネジメントとそれを担う介護支援専門員の倫理	3
	ターミナルケア	3
	人事・経営管理	3
	サービス展開におけるリスクマネジメント	3
演習	対人援助者監督指導	12
	地域援助技術	3
	事例研究及び事例指導方法	18
	合計	64

	研修課目	時間
講義	主任介護支援専門員の役割と視点	5
	ケアマネジメントの実践における倫理的な課題に対する支援	2
	ターミナルケア	3
	人材育成及び業務管理	3
	運営管理におけるリスクマネジメント	3
講義・演習	地域援助技術	6
	ケアマネジメントに必要な医療との連携及び多職種協働の実現(新)	6
	対人援助者監督指導	18
	個別事例を通じた介護支援専門員に対する指導・支援の展開	24
	合計	70

	研修課目	時間
講義	介護保険制度及び地域包括ケアシステムの動向(新)	4
	主任介護支援専門員としての実践の振り返りと指導及び支援の実践(新)	
講義・演習	リハビリテーション及び福祉用具活用に関する事例	6
	看取り等における看護サービスの活用に関する事例	6
	認知症に関する事例	6
	入退院時等における医療との連携に関する事例	6
	家族への支援の視点が必要な事例	6
	社会資源の活用に向けた関係機関との連携に関する事例	6
	状態に応じた多様なサービス（地域密着型サービスや施設サービス等）の活用に関する事例	6
	合計	46

出典：全国介護保険担当課長会議資料、2014年7月28日

※主任介護支援専門員更新研修として新たに創設

護連携が本格的に推進される。その直接の連携の窓口と位置づけられる医療側の看護師と介護側の介護支援相談員は、より一層の協働と密なる連携が求められる。また、介護支援専門員としても、介護職員の医療行為や定期巡回・随時対応型訪問介護看護など、今まで以上に訪問看護や医療行為を位置づけるケアプランの作成が求められる。従前より医療側から、福祉系出身の介護支援相談員の医療知識の不足が訴えられ続けている経緯もあり、研修カリキュラムの見直しにおいては、医療連携に必要な医療関連知識のカリキュラムに多くの時間が費やされ、その結果として研修時間が大きく増加したものである。

> ─ 関連条文 ─
> （定義）
> 5　この法律において「介護支援専門員」とは、要介護者又は要支援者（以下「要介護者等」という）からの相談に応じ、及び要介護者等がその心身の状況等に応じ適切な居宅サービス、地域密着型サービス、施設サービス、介護予防サービス若しくは<u>地域密着型介護予防サービス又は特定介護予防・日常生活支援総合事業（第百十五条の四十五第一項第一号イに規定する第一号訪問事業、同号ロに規定する第一号通所事業又は同号ハに規定する第一号生活支援事業をいう。以下同じ。）</u>を利用できるよう市町村、居宅サービス事業を行う者、地域密着型サービス事業を行う者、介護保険施設、介護予防サービス事業を行う者、地域密着型介護予防サービス事業を行う者、<u>特定介護予防・日常生活支援総合事業を行う者</u>等との連絡調整等を行う者であって、要介護者等が自立した日常生活を営むのに必要な援助に関する専門的知識及び技術を有するものとして第六十九条の七第一項の介護支援専門員証の交付を受けたものをいう。
> （介護支援専門員の義務）
> 第六十九条の三十四
> 3　<u>介護支援専門員は、要介護者等が自立した日常生活を営むのに必要な援助に関する専門的知識及び技術の水準を向上させ、その他その資質の向上を図るよう努めなければならない。</u>
> ※介護保険法第七条

4. 主任介護支援専門員に更新制の導入

　地域包括支援センターや、特定事業所加算を算定する居宅介護支援事業所に配置される主任介護支援専門員は、その地域や事業所での監督や指導者の役割を果たすとともに、地域包括ケアシステムの構築に向けた地域づくりの一翼を担うといった役割が求められている。主任介護支援専門員は一般の介護支援専門員以上に、継続的に資質の向上を図っていくことが必要であることから、今回の制度改正では更新制を導入し、一定の要件を満たし

た者を対象とした更新研修を実施する見直しを行う。今後、更新時の研修課程とともに、その移行の時期は今後に通知される。

ケアマネジメントの見直しのなかで重要な位置を占める介護支援専門員の資質向上では、専門職である介護支援専門員自らが資質向上に取り組むとともに、主任介護支援専門員の果たす役割が大きいことから、主任介護支援専門員に更新制を導入するなど、主任介護支援専門員についても資質向上を図ることが必要であるとされた。

5. 課題整理総括表とモニタリング評価表

自立支援に役立つ適切なケアマネジメントの推進は、ケアマネジメントの質を向上させるための取り組みの一環である。介護支援専門員のアセスメントの過程を「見える化」して、専門職としてどのような考えで利用者の生活全般の解決すべき課題やニーズを導き出すかのプロセスを明確にするためのツールが提示された。厚労省から出された「課題整理総括表」が新たな作成資料である(**図表Ⅱ-7-5**)。

介護支援専門員については、従来から、利用者像や課題に応じた適切なアセスメント(課題把握)が必ずしも十分でない、サービス担当者会議における多職種協働が十分に機能していない——といった課題が指摘されている。これらの課題に対応するために、利用者の状態等を把握し、情報の整理・分析等を通じて課題を導き出した過程を地域ケア会議などの多職種協働の場面で説明する際に使用され、会議などにおいて適切な情報共有に役立つことを目的としたものが「課題整理総括表」である。その活用の場としては、介護支援専門員に係る研修での活用、サービス担当者会議や地域ケア会議、多職種間での情報共有に活用、課題を導くための利用、初任介護支援専門員が主任介護支援専門員等からOJT研修を受ける際の活用などが考えられる。

また、モニタリングにおいて、ケアプランに位置づけされたサービスの実施状況を把握して、短期目標を達成するために位置づけたサービスの提供期間が終了した際に、その結果を評価・検証するためのツールとして「評価表」が、新たな作成資料として提示された(**図表Ⅱ-7-6**)。「評価表」は、介護支

[図表Ⅱ-7-5] 課題整理総括表

利用者名		殿				作成日	/ /

自立した日常生活の 阻害要因 (心身の状態、環境等)	①		②		③	利用者及び家族の 生活に対する意向	
	④		⑤		⑥		

状況の事実 ※1	現在 ※2			要因 ※3	改善/維持の可能性 ※4	備考(状況・支援内容等)	見通し ※5	生活全般の解決すべき課題 (ニーズ) [案] ※6
移動	室内移動	自立	見守り	一部介助	全介助		改善 維持 悪化			
	屋外移動	自立	見守り	一部介助	全介助		改善 維持 悪化			
食事	食事内容	支障なし	支障あり			改善 維持 悪化			
	食事摂取	自立	見守り	一部介助	全介助		改善 維持 悪化			
	調理	自立	見守り	一部介助	全介助		改善 維持 悪化			
排泄	排尿・排便	支障なし	支障あり			改善 維持 悪化			
	排泄動作	自立	見守り	一部介助	全介助		改善 維持 悪化			
口腔	口腔衛生	支障なし	支障あり			改善 維持 悪化			
	口腔ケア	自立	見守り	一部介助	全介助		改善 維持 悪化			
服薬		自立	見守り	一部介助	全介助		改善 維持 悪化			
入浴		自立	見守り	一部介助	全介助		改善 維持 悪化			
更衣		自立	見守り	一部介助	全介助		改善 維持 悪化			
掃除		自立	見守り	一部介助	全介助		改善 維持 悪化			
洗濯		自立	見守り	一部介助	全介助		改善 維持 悪化			
整理・物品の管理		自立	見守り	一部介助	全介助		改善 維持 悪化			
金銭管理		自立	見守り	一部介助	全介助		改善 維持 悪化			
買物		自立	見守り	一部介助	全介助		改善 維持 悪化			
コミュニケーション能力		支障なし	支障あり			改善 維持 悪化			
認知		支障なし	支障あり			改善 維持 悪化			
社会との関わり		支障なし	支障あり			改善 維持 悪化			
褥瘡・皮膚の問題		支障なし	支障あり			改善 維持 悪化			
行動・心理症状(BPSD)		支障なし	支障あり			改善 維持 悪化			
介護力(家族関係含む)		支障なし	支障あり			改善 維持 悪化			
居住環境		支障なし	支障あり			改善 維持 悪化			

※1 本書式は総括表であるということではないため、必ず書式上に記載されている項目(watered項目)を記載するということではなく、必要に応じて追加して差し支えない。
※2 介護支援専門員が収集した客観的事実を記載する。選択肢に○印を付ける。
※3 現在の状況が「自立」あるいは「支障なし」以外である場合に、そうした状況をもたらしている要因を、様式上部の「要因」欄に記載した番号(丸数字)を記入する。複数の番号を記入することも可。
※4 今回の認定有効期間における状況の改善/維持の可能性について、介護支援専門員の判断として選択肢に○印を記入する。

※5 「要因」および「改善/維持の可能性」を踏まえ、要因を解決するための援助内容と、それが提供されることによって見込まれる事後の状況(目標)を記載する。
※6 本計画期間における優先順位を数字で記入する。ただし、解決が必要なせる様式上部の「利用者及び家族の生活に対する意向」を踏まえて、課題と目標の整合性を確認した上で課題(ニーズ)を記載する。なお、緊急性が高いものには「*」印を記入する。

出典:全国介護保険担当課長会議資料, 2014年7月28日

【図表Ⅱ-7-6】 評価表

短期目標	期間	援助内容 サービス内容	サービス種別	※1	結果 ※2	コメント (効果が認められたもの/見直しを要するもの)

※1「当該サービスを行う事業所」について記入する。　※2短期目標の実現度合いを5段階で記入する（◎:短期目標は予想を上回って達せられた、○:短期目標は達せられた（再度アセスメントして新たに短期目標を設定する）、△:短期目標は達成可能だが期間延長を要する、×1:短期目標の達成は困難であり見直しを要する、×2:短期目標だけでなく長期目標の達成も困難であり見直しを要する。

出典：全国介護保険担当課長会議資料、2014年7月28日

援専門員研修での活用、ケアプランを見直す際に開催するサービス担当者会議や地域ケア会議等での情報共有での活用、モニタリングにおいて把握した情報をサービス担当者間で共有する場面等での活用などが考えられる。

　これらの新たな様式の作成資料は、2014（平成26）年7月28日の厚生労働省全国介護保険担当課長会議において提示された。今後は、地域ケア会議等はもとより、介護支援専門員の法定研修のカリキュラムや総合事業のガイドラインにおいても活用される。

6. ケアプランの適正化に向けた取り組みの推進

　この項の内容は、介護保険制度改正には直接の関係はないが、2014（平成26）年7月28日の厚生労働省全国介護保険担当課長会議におけるケアマネジメントの項目で示された内容である。ケアプランの適正化への市町村の指導強化については、今後の居宅介護支援事業所の運営にとっても非常に重要な項目である。

　今後の保険者におけるケアプランの適正化に向けた取り組みとしては、併設事業所にサービスの利用が集中したケアプラン（囲い込み）への指導強化、

必要がないにもかかわらず区分支給限度基準額いっぱいに利用するようなケアプラン（過剰サービス）への指導強化、経営者側が介護支援専門員の作成するケアプランの内容への介入・指示に対する指導強化、そして高齢者住宅の入居者への偏ったケアプランに対する指導強化等の必要性が強く指摘されている。

　ケアプランの適正化に向けた取り組みでは、保険者によるケアプランの内容が適切かどうかのチェック機能が必要であるが、その取り組みは地域によってバラツキが大きい（**図表Ⅱ-7-7**）。今後は一層、不適切なサービス提供事例や特定の事業者にサービスが偏っている事例などについて、ケアプランの適正化を図る必要がある。ケアプランの適正化の方法としては、国民健康保険団体連合会（以下、国保連）の介護給付適正化システムを保険者が活用することで介護給付の適正化に取り組む必要がある。介護給付適正化システムとは、介護事業者が国保連に介護報酬を伝送請求したデータを国保連のコンピュータが専門のプログラムを用いて分析して、伝送請求され

【図表Ⅱ-7-7】　ケアプランの点検実施状況スキーム

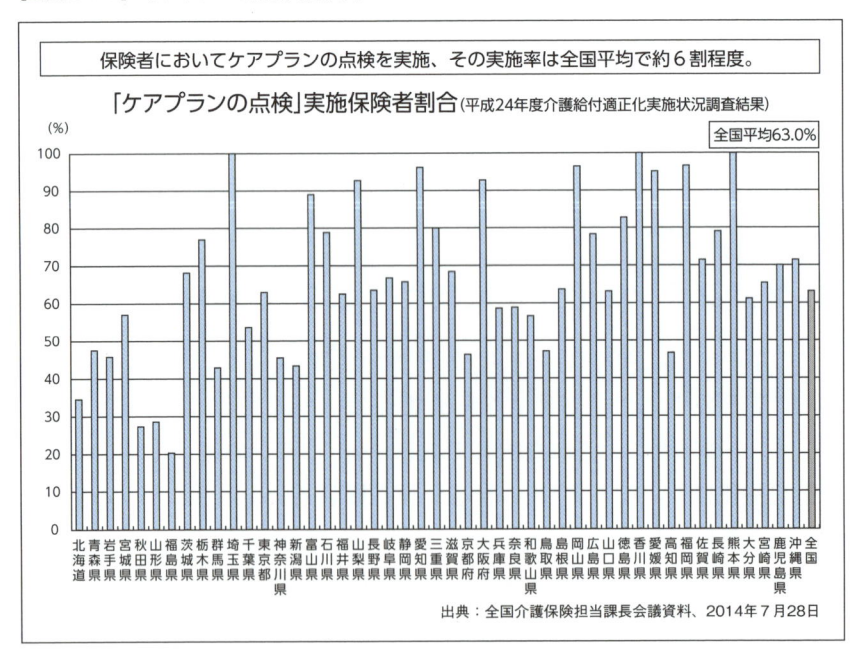

保険者においてケアプランの点検を実施、その実施率は全国平均で約6割程度。

「ケアプランの点検」実施保険者割合（平成24年度介護給付適正化実施状況調査結果）

全国平均63.0%

出典：全国介護保険担当課長会議資料、2014年7月28日

たデータ上で問題のある事業所を抽出して所轄の市町村に報告するシステムである。近年、居宅介護支援事業所の特定事業所集中減算の誤りを指摘されて、介護報酬の返還指導が全国的に多発しているが、これも介護給付適正化システムによる市町村への通報が発端となっている。

これからは特に、サービス付き高齢者向け住宅等の高齢者住宅の併設もしくは同一法人の居宅介護支援事業所に対する適正化が指導強化されると考えられる。介護保険サービスを提供する介護事業と住宅関連サービスを提供する住宅事業は、それぞれ別の事業であり、同一法人の運営であっても混同は認められない。近年問題視されている、高齢者住宅の入居の条件に、併設の介護事業所のサービス利用を強要して外部サービスの利用を妨げる行為や、入居者の多くが必要がない場合であっても区分支給限度基準額いっぱいに併設の介護サービスを利用しているなど、強要や過剰サービスの提供によって利用者負担を増大させるような事案については、必要に応じて各法制度の規定によって指導強化される。状況次第で、ケアプランを作成した介護支援専門員の資格取消やサービス付き高齢者向け住宅の登録の取消などの行政処分も視野に入れて対応することが、2014（平成26）年7月

【図表Ⅱ-7-8】 サービスの内容に応じた指導監督スキーム

出典：全国介護保険担当課長会議資料、2014年7月28日

区分		報告徴収・立入検査	改善指示・命令等	処分・罰則
登録事項・登録基準 必須サービス	生活相談／安否確認／基本方針	報告徴収 立入検査 【住まい法 第24条】	改善指示 【住まい法 第25条】	登録の取消し 【住まい法 第26条】
オプションサービス	食事／入居者の処遇	報告徴収 立入検査 【老福法第29条 第9項】	改善命令 【老福法第29条 第11項】	罰則 （6月懲役・50万円罰金） 【老福法第39条】
外部サービス	訪問介護／訪問看護	報告徴収 立入検査 【介護保険法 第76条】	改善勧告 改善命令 【介護保険法 第76条の2】	指定の取消し 指定効力の停止 【介護保険法 第77条】

有料老人ホーム該当のサ付き住宅であれば、入居者を保護する必要がある場合などには、老人福祉法のスキームへ移行が可能

入居者の処遇に対しては、高齢者虐待を防止する観点から、広範かつ頻回な行政の目配りが必要

28日の厚生労働省全国介護保険担当課長会議において確認された（**図表Ⅱ-7-8**）。

7. 地域ケア会議の制度化

今回の制度改正において、これまで通知に位置づけられていた地域ケア会議が介護保険法で制度化された。介護保険法第115条の48に新設された地域ケア会議は、市町村の地域支援事業の包括的支援事業の一環として、介護支援専門員と地域のケアマネジメントに関わる多様な専門職等が適切に意見交換するために開催される会議である。多職種の第三者の会議への参加によって専門的視点を交えたケアマネジメントの質の向上を図るとともに、個別ケースの課題分析等の積み重ねによって地域の課題を発見することで、その地域にとって必要な地域資源の開発や地域づくり、さらには介護保険事業計画への反映などの政策形成につなげる。

地域ケア会議の開催の推進によって、高齢者個人に対する支援の充実とそれを支える社会基盤の整備が同時に図られることになるために、地域ケア会議は、地域包括ケアシステムの実現に向けた重要なツールと位置づけられている（**図表Ⅱ-7-9**）。地域ケア会議は、介護支援専門員、保健医療および福祉に関する専門的知識を有する者、民生委員その他の関係者、関係機関および関係団体などの参加によって構成される。地域ケア会議では、通常のサービス担当者会議では参加が得にくい専門職等と共に支援方針を検討することによって、多様な視点からの支援が可能となり、ケアの質も向上するとされている（**図表Ⅱ-7-10**）。

地域ケア会議には、地域包括支援センターおよび市町村レベルの会議があり、主として開催される地域包括支援センター等が主催する会議では、主な構成員として、自治体職員、包括職員、介護支援専門員（ケアマネジャー）、介護事業者、民生委員、OT、PT、ST、医師、歯科医師、薬剤師、看護師、管理栄養士、歯科衛生士その他の職種が必要に応じて会議に参加して、意見交換が行われる（**図表Ⅱ-7-11**）。

【図表Ⅱ-7-9】 「地域ケア会議」の目的

```
ア）
個別ケースの       →    （ⅰ）介護支援専門員による
支援内容の検討              自立支援に資するケア
                          マネジメントの支援

                      （ⅱ）地域包括支援ネット
                          ワークの構築

                      （ⅲ）地域課題の把握

イ）
地域の実情に応じて必要と認められる事項
```

→ 高齢者個人に対する支援の充実＋社会基盤の整備 → 地域での尊厳あるその人らしい生活の継続

出典：『地域ケア会議運営マニュアル』長寿社会開発センター、P22

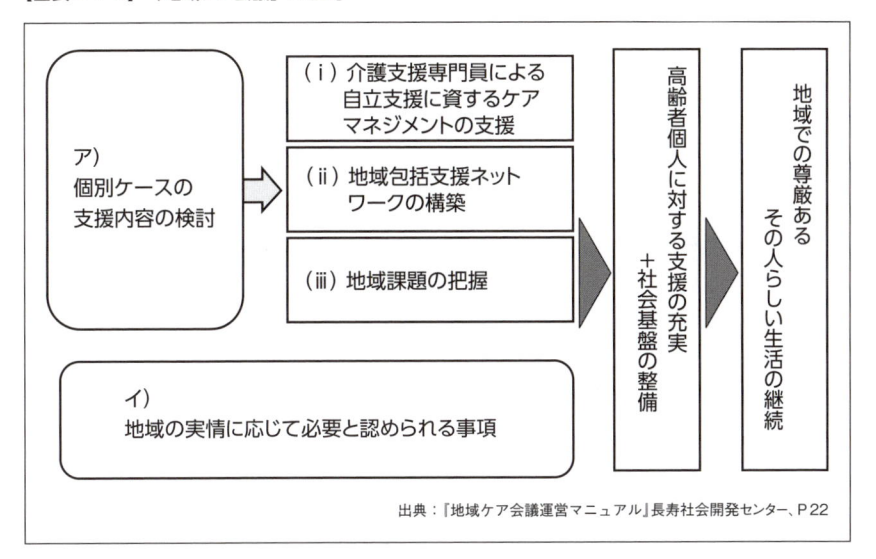

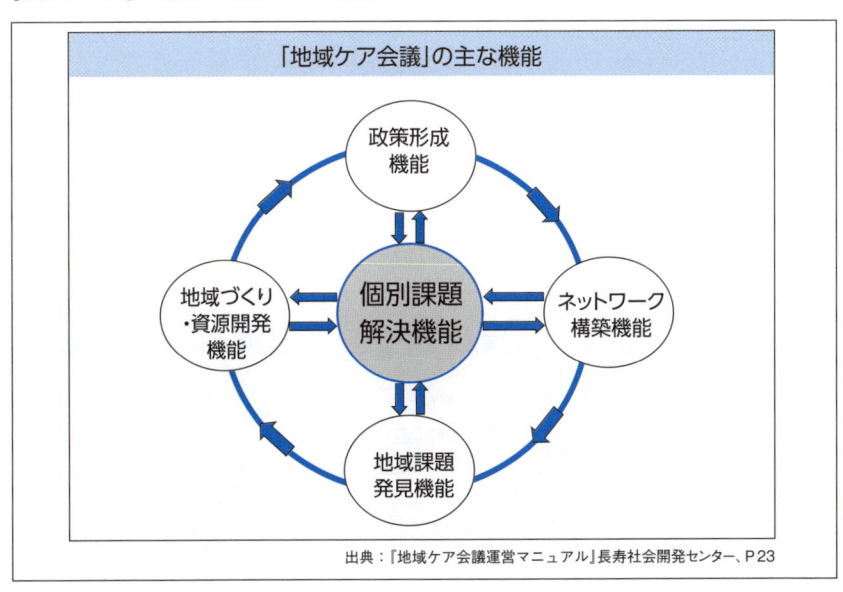

【図表Ⅱ-7-10】 地域ケア会議の5つの機能

「地域ケア会議」の主な機能

- 個別課題解決機能（中心）
- 政策形成機能
- ネットワーク構築機能
- 地域課題発見機能
- 地域づくり・資源開発機能

出典：『地域ケア会議運営マニュアル』長寿社会開発センター、P23

【図表Ⅱ-7-11】 地域ケア会議の開催主体等

地域ケア会議（個別ケース検討）	項　目	サービス担当者会議
地域包括支援センター 又は市町村	開催主体	介護支援専門員 （契約が前提）
・ケース当事者への支援内容の検討 ・地域包括支援ネットワーク構築 ・自立支援に資するケアマネジメント支援 ・地域課題の把握など	目　的	・利用者の状況等に関する情報共有 ・サービス内容の検討及び調整など
・介護保険法第百十五条の四十八	根　拠	・「指定居宅介護支援等の事業の人員及び運営に関する基準」（第13条第9号）
行政職員、センター職員、介護支援専門員、介護サービス事業者、保健医療関係者、民生委員、住民組織、本人・家族等	参加者	・居宅サービス計画の原案に位置付けた指定居宅サービス等の担当者、主治医、インフォーマルサービスの提供者、本人・家族等
サービス担当者会議で解決困難な課題等を多職種で検討 （ケース例） ・支援者が困難を感じている ・支援者が自立を阻害していると考えられる ・支援が必要だがサービスにつながらない ・権利擁護が必要 ・地域課題に関する	内　容	・サービス利用者の状況等に関する情報の担当者との共有 ・当該居宅サービス計画原案の内容に関する専門的見地からの意見聴取

出典：『地域ケア会議運営マニュアル』長寿社会開発センター、P28をもとに作成

関連条文

（会議）
第百十五条の四十八　市町村は、第百十五条の四十五第二項第三号に掲げる事業の効果的な実施のために、介護支援専門員、保健医療及び福祉に関する専門的知識を有する者、民生委員その他の関係者、関係機関及び関係団体（以下この条において「関係者等」という。）により構成される会議（以下この条において「会議」という。）を置くように努めなければならない。
2　会議は、要介護被保険者その他の厚生労働省令で定める被保険者（以下この項において「支援対象被保険者」という。）への適切な支援を図るために必要な検討を行うとともに、支援対象被保険者が地域において自立した日常生活を営むために必要な支援体制に関する検討を行うものとする。
3　会議は、前項の検討を行うため必要があると認めるときは、関係者等に対し、資料又は情報の提供、意見の開陳その他必要な協力を求めることができる。
4　関係者等は、前項の規定に基づき、会議から資料又は情報の提供、意見の開陳その他必要な協力の求めがあった場合には、これに協力するよう努めなければならない。
5　会議の事務に従事する者又は従事していた者は、正当な理由がなく、会議の事務に関して知り得た秘密を漏らしてはならない。
6　前各項に定めるもののほか、会議の組織及び運営に関し必要な事項は、会議が定める。
※介護保険法（平成九年法律第百二十三号）（抄）（第五条関係）【公布日又は平成二十六年四月一日のいずれか遅い日・平成二十七年四月一日・平成二十七年八月一日施行】

第8章 通所介護

1. 小規模通所介護の地域密着型通所介護への移行

　2016(平成28)年4月1日より、許認可における届出定員が18人以下の通所介護は、今回の制度改正で新設される地域密着型通所介護に移行する。ただし、予防通所介護については移行されずに、従来通り、都道府県の許認可事業となる。通所介護については、事業内容の自由度が非常に高く、介護や機能訓練に重点を置いたものと長時間のお預かりやお泊まり機能付きなどのレスパイト中心のものがあり、各々の事業所の規模やサービス提供時間の長さも異なるなど、多様でさまざまなサービス提供を行っている実態がある。

　特に、小規模の通所介護は、介護報酬単価が最も高く設定されており、人員基準でも看護職員の配置が免除されている優遇措置があり、一般の民家を賃貸借で事業所に利用するなどの場合は設備投資も最小限で済むために、投資効率の優れた介護サービス事業として人気が高く、新規の参入事業所数の増加が顕著な状況にある。

　小規模の通所介護は利用定員も少人数で生活圏域に密着したサービスであることから、地域との連携や運営の透明性を確保するため、市町村が指定・監督する地域密着型サービスに位置づけることが必要であるとされた。今回の制度改正で地域密着型通所介護への移行対象とされるのは、あくまでも届出定員が基準であって、介護報酬の算定基準でいうところの小規模ではない。

　また、利用定員は、事業所において同時にサービス提供を受けることができる利用者数の上限をいう。これは単位ごとの定員ではない。

　(例)①月～金曜日の定員30人　土曜日の利用定員10人⇒30人が基準

②提供単位ごとに定員20人と10人で2単位の設定の場合⇒20人が基準

↓

いずれの場合も地域密着型には移行しない

　介護報酬の算定基準においては、小規模型の介護報酬を算定する事業所は届出定員数にかかわらず、前年の4月から当年の2月までの11か月における月平均の利用者数が300人以下の事業所である。また、提供時間が7時間以上9時間未満の場合は利用者数を100％で計算するが、5時間以上7時間未満の利用者数は75％、3時間以上5時間未満の利用者数は50％で月の利用者数を集計するために、必ずしも実際の利用者総数と集計上の利用者数は一致しない。今回の地域密着型通所介護への移行基準では、この介護報酬の算定基準は一切関係しない。ゆえに届出定員が19人以上の通所介護事業所であっても、実際の利用者数が少なかったり提供時間が短いため利用者数を100％で計算しないなどの理由で、介護報酬の算定では小規模型を請求する事業所が存在するが、その場合は地域密着型通所介護へ移行はされない。

　今回の制度改正を審議した社会保障審議会介護保険部会では、その過程においては移行対象となる小規模通所介護の基準を介護報酬の算定基準である月平均利用者数が300人以下を対象として審議が進められた。しかし、この基準を実際の基準に適用した場合、事業所によっては毎年の利用者数が変動して区分が頻繁に変わるなどが考えられ、所轄する保険者の事務負担が大きい。そのため、変動要因の少ない基準として届出定員数が用いられ、月平均利用者数が300人以下の通所介護事業所を定員数で置き換えた場合に近い数字として届出定員18人以下が対象となった。なお、介護給付費実態調査月報（2014〈平成26〉年5月審査分）において、通所介護事業所数は39,556件。内、小規模報酬を算定する事業所は21,678件である。今回の制度改正で、地域密着型通所介護に移行する事業所数は2万事業所前後と推定される。

　地域密着型通所介護への移行基準が定員数であると公表されて以降、そ

の定員数が18人以下と判明するまでの間においては、移行対象となる届出定員は10人以下とする見方が大勢を占めていた。一般的に小規模通所介護と解される基準は、届出定員が10人以下の事業所、もしくは介護報酬の月平均利用者数が300人以下の事業所のいずれかである。しかし、定員が10人以下という基準は、厚生労働省令第37号で規定された通所介護の人員基準上の看護職員の配置が求められないという特例の基準に過ぎないのである。この部分はあまりにも一人歩きしてしまい、制度の詳細が判明する以前に、勇み足で届出定員を11人以上に変更された事業所もあると聞く。

　なお、2016(平成28)年4月1日の時点で地域密着型通所介護に該当するすべての事業所が自動的に移行する。事業者に対する移行期間の経過措置はない。強いて言えば、実施時期が制度改正の2015(平成27)年より、1年間遅れるに過ぎない。その指定基準は、他の地域密着型サービスと同様、国が定めたものを勘案して市町村が条例で定めるために、それまでの通所介護の指定と異なる基準が新たに設けられる地域も出てくると考えられる。市町村の事務負担の軽減措置として、市町村の条例の制定までには1年間の猶予期間が設けられた。市町村が条例を制定するまでの期間は、厚生労働省令で定めた基準が適用される。介護報酬については原則として国が定めるものとされている。また、市町村の事務負担を少しでも軽減するため、地域密着型サービス事業所の指定の際に必要な市町村長による運営委員会の実施等、関係者の意見反映のための措置の義務づけを緩和するほか、移行に際しての事業所指定の事務、運営推進会議の弾力化等、市町村の事務負担の軽減を行うとされた。

―― 関連条文 ――
第八条
7　この法律において「通所介護」とは、居宅要介護者について、老人福祉法第五条の二第三項の厚生労働省令で定める施設又は同法第二十条の二の二に規定する老人デイサービスセンターに通わせ、当該施設において入浴、排せつ、食事等の介護その他の日常生活上の世話であって厚生労働省令で定めるもの及び機能訓練を行うこと(利用定員が厚生労働省令で定める数以上であるものに限り、認知症対応型通所介護に該当するものを除く。)をいう。
14　この法律において「地域密着型サービス」とは、定期巡回・随時対応型訪問介護看護、夜間対応型訪問介護、地域密着型通所介護、認知症対応型通所介護、小規模多機能型居宅介護、認知症対応型共同生活介護、地域密着型特定施設入居者生活介護、地域密着型介護老人福祉施

設入所者生活介護及び複合型サービスをいい、「特定地域密着型サービス」とは、定期巡回・随時対応型訪問介護看護、夜間対応型訪問介護、地域密着型通所介護、認知症対応型通所介護、小規模多機能型居宅介護及び複合型サービスをいい、「地域密着型サービス事業」とは、地域密着型サービスを行う事業をいう。
17　この法律において「地域密着型通所介護」とは、居宅要介護者について、老人福祉法第五条の二第三項の厚生労働省令で定める施設又は同法第二十条の二の二に規定する老人デイサービスセンターに通わせ、当該施設において入浴、排せつ、食事等の介護その他の日常生活上の世話であって厚生労働省令で定めるもの及び機能訓練を行うこと（利用定員が第七項の厚生労働省令で定める数未満であるものに限り、認知症対応型通所介護に該当するものを除く。）をいう。
※介護保険法（平成九年法律第百二十三号）（抄）（第六条関係）【平成二十八年四月一日までの間において政令で定める日・平成三十年四月一日施行】

2. 地域密着型通所介護の移行はみなし指定

　地域密着型通所介護への移行は、みなし指定となる。届出定員が18人以下の通所介護事業所は、2016(平成28)年4月1日時点で自動的に地域密着型通所介護とされる。基本的に新たな許認可申請手続きや届出の必要はない。地域密着型通所介護の指定を受けたものとみなされた事業者については、規定の施行日である2016年4月1日に、居宅サービスの通所介護の指定の効力が失われる。地域密着型に移行した場合の、みなし指定の認定有効期間は、それまでの通所介護の認定有効期間が適用される。認定の有効期間の満了日は改正前の通所介護の指定を受けた日から6年経過した日（指定更新の日の前日）までとなるため、次回の指定更新はそれまでの通所介護の指定の更新日となる。
　また、地域密着型通所介護のみなし指定は、地域密着型通所介護の事業を行う事業所の所在地の市町村とともに、2016年3月31日時点で、他の市町村の利用者が、その通所介護を利用していた場合には、その利用者が居住する他の市町村にみなし指定の効力が及ぶこととされた。本来、地域密着型サービスは市町村ごとの指定であり、事業所のサービス利用は、許認可を受けた市町村の利用者しか利用できない。他の市町村の利用者が利用するためには、他の市町村の許認可が必要となる。みなし指定では、自動的に他の市町村の許認可も同時に受けているとみなす、ということであり、地域密着型通所介護に移行した後においても、2016年3月31日時点での他の市町

村の利用者に対しては、継続して同じ事業所のサービスを提供できる。ただし、指定更新においては、各々の市町村に指定の更新手続きを行う必要があり、各々の市町村の指定基準に関する条例にも従わなければならない。

　みなし指定を希望しない場合の申出、言い換えると事業を継続しない場合については、事業所が所在する都道府県知事および市町村長（他の市町村の被保険者が利用している場合には、当該他市町村長）に、「みなし指定を希望しない申出の書類」を提出しなければならない。通所介護を行う事業者が、みなし指定を希望しない申出を行う際には、その事業者は許認可事業者ではなくなるために、利用者が他事業所等において継続的に同様のサービスを受けることができるように、利用者やケアマネジメントを行う居宅介護支援事業所等と十分調整する必要がある。また、市町村においては、みなし指定を希望しない申出があった場合には、必要に応じて、利用者が継続的にサービスを受けることができるように、事前に利用者や居宅介護支援事業所に周知するなど必要な措置を講じる必要がある。みなし指定を希望しない申出の規定については、2014年6月25日から施行され、その申出は2016年4月1日の前日までに行うこととされている。

　なお、地域密着型通所介護に移行せずに、従来通り通所介護として継続を望む事業所は2016年3月31日までに届出定員を通所介護の指定基準である定員19人以上とする変更手続きを都道府県知事に行う必要がある。

3. 地域密着型通所介護に移行した場合の事業所経営への影響

　地域密着型通所介護に移行した場合の事業所経営への影響は、地域密着型サービス独自のルールの違いに起因する。公募制の適用などの許認可制限や、その市町村の住民しか利用できないという地域の利用者制限、定期的な運営推進会議の開催などが考えられる。

　許認可制限としては、まず総量規制が挙げられる。今回の介護保険法改正で第117条第3項3号が変更された。介護保険法第117条に基づき介護保険事業計画に定めた介護給付等対象サービスの種類ごとの量、保険給付に要する費用の額、地域支援事業の量、地域支援事業に要する費用の額および保険料の水準に関する中長期的な推計にすでに達しているか、または

許認可申請による指定によってこれを超える場合など、その他事業計画に支障が出る場合には、市長村長は事業者の指定申請等を拒否できるという制度である。これに該当する場合、1年間の許認可事業所数が事前に決められ、それを超えた場合、次の指定は次の事業年度以降となる。

　公募制は、介護保険法第78条の13に規定される。今回の改正で公募制から除外される地域密着型サービスに地域密着型通所介護が指定されなかったために、公募制の対象となる。公募は、市町村で定める公募要領によって指定希望者の公募が行われ、指定希望者が指定申請を行う。要綱の規定によって、審査、選定および介護保険運営協議会等の意見に基づき、指定候補事業者を決定する。応募が募集数を上回る場合は、選定を行うことで指定事業者を決定する方法である。この場合も、1年間の許認可事業所数が決められ、公募がない年があった場合は、指定事業所数もゼロとなる。いずれの場合も、実施された場合は、新規の許認可や拠点展開などにおいての影響を避けることができない。

　総量規制や公募制が取られない場合も、多くの市町村では指定の3か月前までなどの事前協議を必要とする場合が一般的で、いずれの場合も年間の許認可件数が事前に制限されたり、許認可までの期間が長期化することで、許認可制限の影響を受けることなる。

　地域の利用者制限は、先にも述べたが、地域密着型サービスは市町村ごとの指定であるので、事業所の所在する市町村の利用者しか利用できない。他の市町村の利用者が利用するためには、他の市町村の許認可が必要となるという制限である。ただし、2016（平成28）年3月31日までの利用者の中に他の市町村の住民がいる場合は、みなし指定は、その他の市町村も対象となるので、利用者は制度が変わっても継続利用が可能である。また、新規利用者の契約も可能である。

　その他の影響では、指定権者が市町村になることで、実地指導等も市町村が行うこととなる。市町村が制定する条例の中で、地域独自のローカルルールが形成されることが考えられる。総量規制枠や公募制なども、この条例の中で示される。また、多くの市町村では、代表者、管理者、計画作成担当者等に研修の受講義務要件を設けている。主に認知症介護実践者研修お

よび管理者研修受講者等である。詳細なルールは、今後、市町村から通知される条例、指導指針などによって地域ごとの詳細が判明する。

そして、運営推進会議の開催義務がある。

―― 関連条文 ――
第百十七条
（市町村介護保険事業計画）
3　市町村介護保険事業計画においては、前項各号に掲げる事項のほか、次に掲げる事項について定めるよう努めるものとする。
<u>三　介護給付等対象サービスの種類ごとの量、保険給付に要する費用の額、地域支援事業の量、地域支援事業に要する費用の額及び保険料の水準に関する中長期的な推計。</u>
<u>7　市町村介護保険事業計画は、地域における医療及び介護の総合的な確保の促進に関する法律第五条第一項に規定する市町村計画との整合性の確保が図られたものでなければならない。</u>
※介護保険法（平成九年法律第百二十三号）（抄）（第五条関係）【公布日又は平成二十六年四月一日のいずれか遅い日・平成二十七年四月一日・平成二十七年八月一日施行】
（公募指定）
第七十八条の十三　市町村長は、第百十七条第一項の規定により当該市町村が定める市町村介護保険事業計画において定める当該市町村又は同条第二項第一号の規定により当該市町村が定める区域における定期巡回・随時対応型訪問介護看護等（認知症対応型共同生活介護、地域密着型特定施設入居者生活介護及び地域密着型介護老人福祉施設入所者生活介護<u>以外の地域密着型サービス</u>であって、定期巡回・随時対応型訪問介護看護、小規模多機能型居宅介護その他の厚生労働省令で定めるものをいう。以下この項において同じ。）の見込量の確保及び質の向上のために特に必要があると認めるときは、その定める期間（以下「市町村長指定期間」という。）中は、当該見込量の確保のため公募により第四十二条の二第一項本文の指定を行うことが適当な区域として定める区域（以下「市町村長指定区域」という。）に所在する事業所（定期巡回・随時対応型訪問介護看護等のうち当該市町村長が定めるもの（以下「市町村長指定定期巡回・随時対応型訪問介護看護等」という。）の事業を行う事業所に限る。以下「市町村長指定区域・サービス事業所」という。）に係る同項本文の指定を、公募により行うものとする。
※介護保険法（平成九年十二月十七日法律第百二十三号）

4．地域密着型サービスの運営推進会議の開催義務

　地域密着型通所介護においては、地域密着型サービス独自のルールである運営推進会議の開催が義務化される。地域密着型サービスは、その事業運営において厚生労働省令第34号に従わなければならない。その第84条で規定される運営推進会議とは、事業者が自ら運営推進会議を開催して、利用者、市町村職員、地域住民の代表者等の参加を得て、その参加者に対して事業所で提供しているサービス内容等を明らかにすることで、事業所による利用者の「抱え込み」を防止し、地域に開かれたサービスとすることで、

サービスの質の確保を図ることを目的とする会議である。
　その構成員は以下の通りである。
　①利用者、利用者の家族
　②地域住民の代表者(町内会役員、民生委員、老人クラブの代表など)
　③市町村の職員、地域包括支援センターの職員
　④当該サービスについて知見を有する者(外部の、制度に関する学識経験者、有資格者、医療関係者、他の事業所の職員、福祉事業従業員)など
　運営推進会議は、現状の場合、おおむね2月に1回以上会議を開催する。この開催頻度に関しては、地域密着型への移行の対象となる小規模事業所数を勘案して、市町村の負担を考慮の上で軽減される。主催する地域密着型通所介護事業所は、運営推進会議の参加者に対してその活動状況を報告し、運営推進会議による評価を受けるとともに、参加者からの要望、助言を聴かねばならない。会議で報告される活動状況の内容は、情報提供の項目や自己評価および外部評価の結果などであり、事業所の運営やサービス提供の方針、日々の活動内容、入居者の状態などを報告しなければならない。事業者は、その会議の内容と、そこで出された報告、評価、要望、助言等についての議事録等の記録を作成して、この記録を公表(役所のホームページ、事業所窓口、ホームページなど)しなければならない。
　移行後の地域密着型通所介護においては、これまでと大きく異なり、第三者である住民代表や役所、地域包括支援センターなどの地域住民等が参加する運営推進会議等が数か月に一度という頻度で定期的に開催されることで、お泊まりデイサービスの宿泊サービス部分も含め、サービス全体が外部からチェックされる仕組みとなることの影響は大きいと考えられる。また、その議事録をホームページなどを介して一般に公表することで、事業所と共に参加者も大きな責任を負うこととなる。特に批判されがちな、お泊まりデイサービスや高齢者住宅に併設する事業所に対する外部チェック機能としての位置づけでは、一部で問題視される囲い込みや、粗悪なサービスを行う事業所の淘汰、もしくは外部の告発機関としての役割があると考えられる。これは、高齢者住宅併設事業所の囲い込み等への影響も大きいと考えられる。

---関連条文---
（地域との連携等）※各サービスに準用規定
第八十五条　指定小規模多機能型居宅介護事業者は、指定小規模多機能型居宅介護の提供に当たっては、利用者、利用者の家族、地域住民の代表者、指定小規模多機能型居宅介護事業所が所在する市町村の職員又は当該指定小規模多機能型居宅介護事業所が所在する区域を管轄する法第百十五条の四十六第一項に規定する地域包括支援センターの職員、小規模多機能型居宅介護について知見を有する者等により構成される協議会（以下この項において「運営推進会議」という。）を設置し、おおむね二月に一回以上、運営推進会議に対し通いサービス及び宿泊サービスの提供回数等の活動状況を報告し、運営推進会議による評価を受けるとともに、運営推進会議から必要な要望、助言等を聴く機会を設けなければならない。
２　指定小規模多機能型居宅介護事業者は、前項の報告、評価、要望、助言等についての記録を作成するとともに、当該記録を公表しなければならない。
※指定地域密着型サービスの事業の人員、設備及び運営に関する基準（平成十八年三月十四日厚生労働省令第三十四号）

5. 小規模通所介護の移行先（サテライト型）

　ここまでは、小規模通所介護の移行先として、地域密着型通所介護を解説してきた。厚労省では、他の選択肢として大規模型／通常規模型のサテライト型事業所と小規模多機能型居宅介護事業所のサテライト型事業所を移行先として位置づけている（**図表Ⅱ-8-1**）。いずれの場合も、同一法人がサテライトとしての移行先である通常規模以上の通所介護事業所を運営しているか、小規模多機能型居宅介護を運営している必要があり、小規模の単独事業所には、その選択の余地はない。

　サテライトとは、本体と離れた所に設けられた衛星施設、出張所、分室、本体と親と子のぶら下がりなどと解釈される。本体事業所の一部とみなすので、本体が都道府県の指定であればサテライトも都道府県の指定となり、本体が地域密着型であればサテライトも市町村の指定となる。ゆえに、通常規模以上のサテライト型は本体が都道府県の指定であるので、定員が18人以下であっても従来通り都道府県の指定となり、地域密着型通所介護には移行しない。よって新規の許認可であっても許認可制限は受けないし、地域での利用制限もなく、運営推進会議の開催義務もない。小規模多機能型居宅介護事業所のサテライト型は、本体が地域密着型なので、地域密着型サービスとなる。

大規模型／通常規模型のサテライト型事業所は、今回創設される新しい許認可基準である（**図表Ⅱ-8-2**）。その要件は、本体が定員19人以上の通所介護であること。一般的に、定員19人以上の通所介護が別の場所に拠点を新設することを考えた場合、新しい事業所となる物件として定員19人以上が利用可能な物件を確保したとしても、最初から定員19人以上の定員で許認可を取らないのが一般的であろう。その理由は、開業当初から利用者の稼働率が高いことはまれであるので、最初は看護職員の配置が特例で免除されている定員10人以下で許認可を受けるからである。この場合、介護報酬は最も単位数の高い小規模での算定となるので、早期に事業所運営を軌道に乗せやすい。利用者が増えて来た時点で定員数の変更届を提出して本来の定員数と移行するであろう。このプロセスを、サテライト型の仕組みを利用することで継続できる。通常規模以上のサテライト型であれば、地域密着型サービスにはならないので、許認可制限も受けることなく、従来通りのスケジュールでの許認可が可能である。

　社会保障審議会介護保険部会の審議では、サテライト型はもう一つの役割があるとされた。それは、他の法人が運営する小規模デイサービスを統合、合併するためのツールとしての機能である。さまざまな理由で事業所運営の譲渡を考えている小規模デイサービスである地域密着型通所介護を事業譲渡もしくは買収などで統合・合併することにより事業拡大を進める機能となる。このような形で統合・合併された地域密着型通所介護を本体のサテライト型と位置づけることで、その事業所は地域密着型から外れて、本体と同様に通所介護事業所となることができる。

　一方の小規模多機能型居宅介護事業所のサテライト型は、2012（平成24）年の制度改正で新設された。本体となる事業所は小規模多機能型居宅介護事業所か複合サービス事業所となる。本体1つに対して、2か所までサテライト型が認められる。本体とサテライト施設の距離要件は、自動車でおおむね20分程度の距離までとされ、登録定員は18人まで、デイサービスが登録定員の2分の1から12人まで、ショートステイが登録定員の2分の1から6人まで、提供サービスは本体同様に通所、訪問、短期入所が必要である。人員基準は管理者の兼務が認められ、宿直職員と看護職員は、本体

【図表Ⅱ-8-1】 小規模型通所介護の移行先

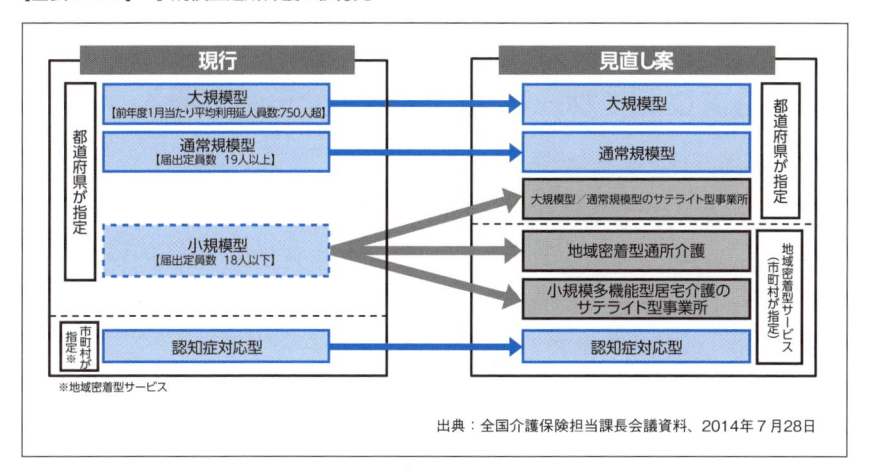

出典：全国介護保険担当課長会議資料、2014年7月28日

【図表Ⅱ-8-2】 大規模・通常規模型サテライト型の考え方

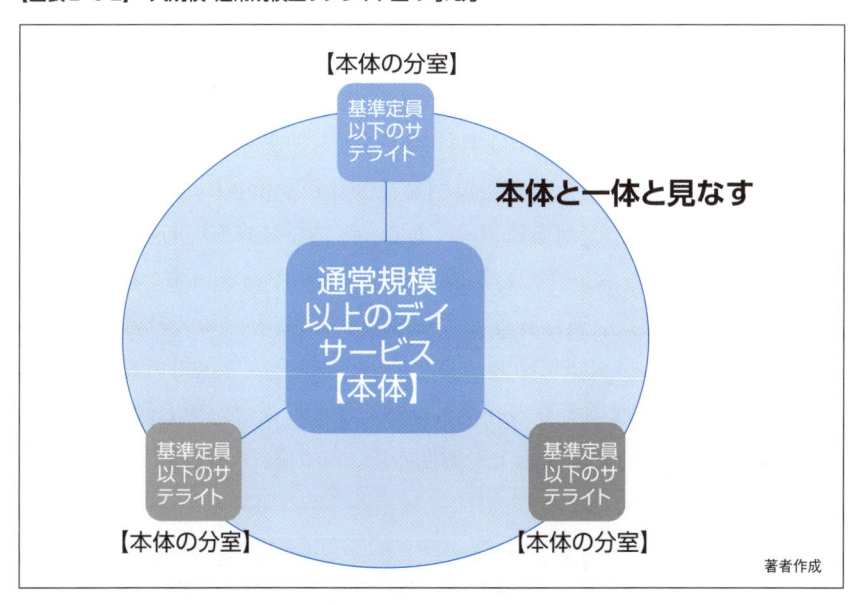

著者作成

から適切な支援が可能な場合、置かないことができるといった人員基準の緩和規定がある。許認可は、本体、サテライトともに別々に受けることになる。介護報酬は本体と同じである。本体の運営年数や稼働率にも許認可の要件がある。なお、小規模デイサービスの移行先としての小規模多機能型の

サテライトには訪問介護、ショートステイの併設は必要なく、通所介護単独で移行が可能である。

6. お泊まりデイサービスの届出・公表制の導入

　通所介護の設備を利用して法定外の宿泊サービスを自費サービスとして提供している、いわゆるお泊まりデイサービスについては、2015（平成27）年4月1日より介護保険法上の制度の中で省令を見直し、ガイドラインが示されて届出制となる。この見直しは、ごく一部の粗悪な環境でお泊まりサービスを提供している事業者の存在があることから端を発している。狭いプライバシーの保てない居住環境の中で雑魚寝状況や何年にも渡る長期間滞在、泊まりの環境が十分でない事業所が存在するなどの問題点が指摘されている。また、法案の審議中に発生した広島県福山市での事件[注]が拍車をかけたことは否めない。このため、利用者保護の観点から、お泊まりデイサービスを届出制として、市町村への事故報告を義務化し、宿泊サービスの情報を都道府県に報告して、情報公表制度を活用したお泊まりサービス情報の公表を行うこととなる。これにより保険者が、お泊まりサービスの実態を把握し、管理し、利用者や介護支援専門員に情報が提供される仕組みとなる。これはまさに、行政の管理下に置くことで、粗悪なお泊まりサービスを提供しているごく一部の事業者の自然淘汰を図るものである。すでに東京、大阪など一部の地域では独自基準としてお泊まりデイサービスの届出制を条例で定めているが、あくまでもお泊まりサービスは介護保険外の自費サービスであるために、実地指導等の許認可基準の中での指導対象とはならず、その強制力はない。介護保険法上の制度の中で届出制となることで全国統一

注）2013年12月、広島県福山市の2か所のデイサービスで利用者を殴るなどしたとして、経営者と勤務する介護士2人が暴行容疑で逮捕された。男性利用者の顔や胸を数回殴った疑い、および女性利用者の後頭部を蹴った疑い。このうち宿泊サービスを行う1施設では捜索当日、約70平方メートルのスペースに認知症高齢者ら17人が泊まっていた。なかには長期宿泊者もいて多人数による劣悪な環境での宿泊が常に行われていたとみられる。市も自費サービスであったため、運営実態を把握できていなかった。翌月には複数の全国紙新聞がお泊まりデイサービスのバッシングと思われる記事を複数回、掲載するに至った事件である。

の基準となる。省令を見直してガイドライン設けられることで、実地指導の中でもサービス提供の実態を確認され、指導されていくことが期待される。また、お泊まりデイサービスを提供する事業所の大部分が小規模デイサービスであることから、今回の制度改正で小規模デイサービスが地域密着型サービスに位置づけられることになり、地域住民等が参加する運営推進会議等が定期的に開催されることが義務化され、会議に参加する第三者によって宿泊サービス部分も含めた事業所のサービス全体が外部からチェックされることが期待される。

　お泊まりデイサービスの届出期間は2015（平成27）年4月から9月末までとなり、2015年10月から介護サービス情報公表システムを介して、事業ごとのお泊まりサービス情報の公開が可能となる。また、お泊まりデイサービスにおける事故報告の義務化は2015年4月より実施される。厚労省が示す、お泊まりデイサービスのガイドラインの内容としては、最低限の質を担保するという観点から、人員関係（従業者の員数、責任者等）、設備関係（利用定員、1人当たり床面積等）、運営関係（利用者へ説明・同意、緊急時対応、事故発生時の対応、連泊数等）が示される（**図表Ⅱ-8-3**）。

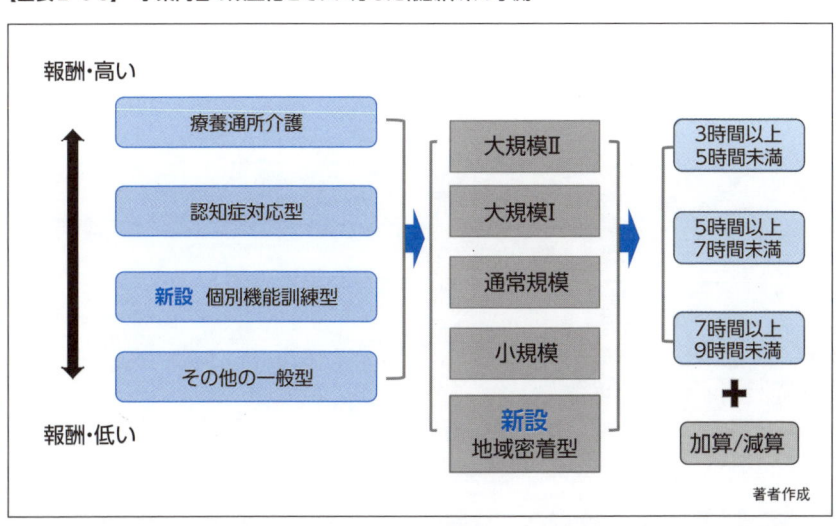

【図表Ⅱ-8-3】　事業内容の類型化とそれに応じた報酬体系の予測

著者作成

7. お泊まりデイサービスの実地指導

　宿泊サービスの届出事項に虚偽がある場合など、通所介護の基準省令に照らす必要がある場合は、実地指導などは可能とされた。事故の届出等も同様である。

第9章 介護予防・日常生活支援総合事業とガイドライン

1. 総合事業への移行対象サービス

　2015（平成27）年4月1日より、予防給付の対象サービスであった介護予防訪問介護（以下、予防訪問介護）と介護予防通所介護（以下、予防通所介護）が予防給付から切り離され、市町村事業である介護予防・日常生活支援総合事業（総合事業）に移行される（**図表Ⅱ-9-1**）。それ以外の予防給付の対象サービスである予防訪問看護や予防通所リハビリテーション、福祉用具貸与などのサービスは従来通り予防給付の対象とされた。厚労省から示された理由としては、予防給付のうち従来通りとなった訪問看護等のサービスについては、専門的なサービスが中心であり、ボランティアスタッフなどの多様な形態でのサービス提供などで代行する余地が少ないことから、介護給付から外して移行した場合の市町村の事務負担も考慮して引き続き予防給付によるサービスを継続するというものである。それは、どういうことか。予防訪問看護は看護師、准看護師、理学療法士などにより、主に医療行為に関するサービスを提供する。これは、一般のボランティアなどが代行できない専門的なサービスである。同じく、予防通所リハビリテーションは医師、ＰＴ、ＯＴ、ＳＴ、看護職員、介護職員がチームとして、リハビリテーション計画に基づいて提供されるサービスであり、これも一般のボランティアなどが代行できない専門的なサービスである。このように、提供されるサービス内容が専門的なサービスが大部分を占め、一般のボランティアなどが代行できる余地が少ない介護予防サービスは介護給付に残されたということである。

> ── 参 考 ──
> 介護保険最新情報 vol.355　別紙2：介護保険制度の改正事項に関する考え方
> ①要支援者の予防給付の見直しを行うのはなぜか。訪問介護と通所介護に限って地域支援事業に移行するのはなぜか。
> ○要支援者については、配食、見守り等の多様な生活支援サービスが必要であり、生活支援の多様なニーズにこたえるためには、介護事業所以外にも、NPO、民間企業、ボランティアなど、多様な事業主体による多様なサービスを充実していくことが、効果的で効率的。
> ○また、高齢者の介護予防のためには、地域に多様な通いの場を作り、社会参加を促進していくことが重要。そのためには、介護事業所以外にも、地域の中で多様な主体による多様な場を確保していくことが効果的で効率的。高齢者の社会参加の促進を通じて、元気な高齢者が生活支援の担い手として活躍すれば、生きがいや介護予防にもつながる。
> ○なお、予防給付のうち訪問看護等のサービスについては、多様な形態でのサービス提供の余地が少ないことから、市町村の事務負担も考慮して、引き続き予防給付によるサービスを継続。

　言い換えれば、予防訪問介護と予防通所介護は一般のボランティアなどで、提供サービスを代行できる余地が少なからずあるから、介護給付から外されて市町村の総合事業に移されたこととなる。これはどういう意味か。
　訪問介護は、3つの基本サービスから成り立つ。身体介護、生活援助、通院乗降介助である。予防訪問介護は、基本的に通院乗降介助の対象外であるため、残りの2つ、身体介護、生活援助ということになる。「身体介護」のサービスは、入浴介助、排泄介助などが中心であり、一般のボランティアなどが代行した場合、事故などのリスクが高いために、専門的な教育研修を受講した専門的な技能をもつ初任者研修修了者が受けもつべき専門的なサービスである。もう1つの訪問介護サービスである「生活援助」は、掃除、洗濯、調理などが主なサービス内容であるために、必ずしもすべてを専門的な技能をもつ初任者研修修了者が担当せずとも、家政婦、ハウスキーパー、一定の教育を受けたボランティアスタッフ等でも対応可能な部分が少なからずあると考えられる。
　通所介護は介護保険法上で2つの役割がある。1つは「機能訓練」である。機能訓練は、機能訓練指導員、看護・介護職員等がチームとして、個別機能訓練計画に基づいて提供されるサービスであり、通所リハビリテーション同様に、一般のボランティアなどが代行できる余地の少ない専門的なサービスである。もう1つの役割は「日常生活のお世話」である。日常生活のお世話がレスパイトケアを補完する一時的なお預かりサービスであるとすれば、

例えば通所介護事業所に通うのではなく、市民センターや町内会館などの公的な施設を利用する、いわゆる地域ミニデイサービスのような形での提供も可能であろう。対象者が要支援者であるために、例えば専門職を1名配置して、残りの職員は主に見守り要員としてボランティアスタッフでの運営も考えられる。そこでサークル活動やレクリエーション、地域とのふれあい等を提供することも可能である（**図表Ⅱ-9-2**）。

　このように、2つのサービスを予防給付から市町村の総合事業に移行する意味は、介護予防訪問介護事業者と介護予防通所介護事業者が提供しているサービスにおいて、専門的サービスは指定を受けた介護事業者が従来通りに提供し、ボランティアスタッフなどが代行できる業務は、多様なサービスを介護事業者の提供から移行することで、給付総額を減少させることにある。具体的には現在、介護給付の自然増5～6％の伸びを後期高齢者の伸び率3～4％に給付の上限を設定することで給付の伸びを押さえることを目的としている。

　なお、予防サービスの事業者認定は2018（平成30）年3月末日まで有効であり、総合事業開始後も予防サービスを利用する要支援認定者は、要支援の認定更新までに限って、予防サービスを継続して利用できるが、要支援の認定の有効期間は最大で1年であるため、総合事業の開始から1年で、特例者を除いて、すべての要支援者は総合事業に移行する。

　参考数値として、予防訪問介護と予防通所介護の、予防給付データにおける利用の状況を見てみよう。厚労省の「介護給付費実態調査月報」、2014（平成26）年5月審査分データによると、介護予防サービス総受給者数は、1,068.0千人。このうち、予防訪問介護443.5千人、予防通所介護468.2千人であり、実に85.3％を占める。費用額は43,391百万円。このうち、予防訪問介護9,203百万円、予防通所介護16,730百万円であり、59.7％を占める。この2つのサービスを予防給付から外すことは、実に予防サービス利用者の85％、予防給付総額の60％を外すことに該当する。

【図表Ⅱ-9-1】 総合事業と生活支援サービスの充実

予防給付（全国一律の基準）
地域支援事業

訪問介護 → 移行
- 既存の訪問介護事業所による身体介護・生活援助の訪問介護
- NPO、民間事業者等による掃除・洗濯等の生活支援サービス
- 住民ボランティアによるゴミ出し等の生活支援サービス

通所介護 → 移行
- 既存の通所介護事業所による機能訓練等の通所介護
- NPO、民間事業者等によるミニデイサービス
- コミュニティサロン、住民主体の運動・交流の場
- リハビリ、栄養、口腔ケア等の専門職等関与する教室

- 専門的なサービスを必要とする人には専門的なサービスの提供（専門サービスにふさわしい単価）
- 多様な担い手による多様なサービス（多様な単価、住民主体による低廉な単価の設定、単価が低い場合には利用料も低減）

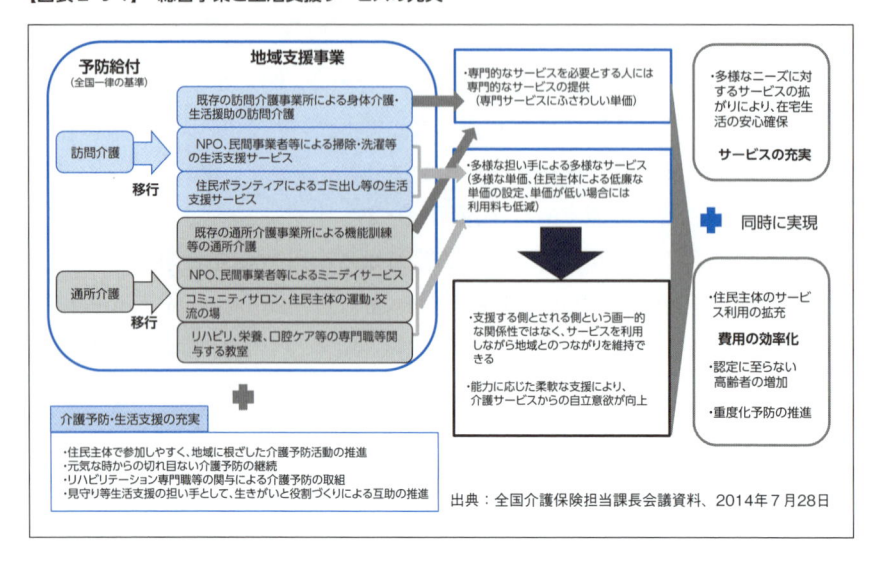

- 支援する側とされる側という画一的な関係性ではなく、サービスを利用しながら地域とのつながりを維持できる
- 能力に応じた柔軟な支援により、介護サービスからの自立意欲が向上

介護予防・生活支援の充実
- 住民主体で参加しやすく、地域に根ざした介護予防活動の推進
- 元気な時からの切れ目ない介護予防の継続
- リハビリテーション専門職等の関与による介護予防の取組
- 見守り等生活支援の担い手として、生きがいと役割づくりによる互助の推進

- 多様なニーズに対するサービスの拡がりにより、在宅生活の安心確保
  サービスの充実

同時に実現

- 住民主体のサービス利用の拡充
  費用の効率化
- 認定に至らない高齢者の増加
- 重度化予防の推進

出典：全国介護保険担当課長会議資料、2014年7月28日

【図表Ⅱ-9-2】 生活支援・介護予防サービスの分類と活用例

サービスの分類	サービス事業	一般介護予防	任意事業	市町村実施	民間市場	地域の助け合い	備考
①介護者支援			総合事業の対象外であり、任意事業、市町村の独自事業での実施を想定。介護者の集い、介護教室等。				
②家事援助	訪問型サービスで実施。NPO、ボランティアを主に活用			要介護者の生活支援は任意事業で実施可能。一般財源化された軽度生活支援は市町村独自で実施可能。			
③交流サロン	要支援者を中心に定期的な利用が可能な形態は総合事業の通所型サービス、その他の地域住民の通いの場は一般介護予防事業を主に想定。住民、ボランティア等を中心に実施。						
④外出支援	訪問型サービスで実施。担い手はNPO、ボランティア			左記以外は、市町村・民間事業者が独自に実施			
⑤配食＋見守り	その他の生活支援サービスを活用可。担い手はNPO、民間事業者等			左記以外は、任意事業又は市町村・民間事業者が独自に実施			サービス事業では、民間市場で提供されないサービスを提供
⑥見守り安否確認	その他の生活支援サービスを活用。担い手は住民、ボランティア等			左記以外は、地域の地縁組織・民間事業者等による緩やかな見守り			

※1 任意事業は再整理も有り得る。
※2 上表中、地縁組織は地区社会福祉協議会、自治会、町内会、地域協議会等を意味する

出典：全国介護保険担当課長会議資料、2014年7月28日

― 参　考 ―
全国介護保険担当課長会議資料（2014年7月28日）
・訪問介護員等によるサービスは、主に、認知機能の低下等により日常生活に支障があるような症状や行動を伴うケース等。
・通所介護事業者のサービスについては、主に、「多様なサービス」の利用が難しいケース・不適切なケースや、専門職の指導を受けながら生活機能の向上のためのトレーニングを行うことで生活機能の改善・維持が見込まれるケース等。
6月11日参議院厚生労働委員会老健局資料および全国介護保険担当課長会議資料(2014年7月28日)
専門的なサービスのサービス量については、多くとも現状維持であり、基本的には一定程度減っていくことが考えられ、変動の幅については、様々な仮定が考えられる。仮に、専門的サービスのサービス量を現状維持として、今後サービス量が増える分（過去の要支援認定者の伸び率7％程度で伸びると仮定）を多様なサービスとして計算した場合、2025年の専門的サービスと多様なサービスは、それぞれ5割程度と計算される。

― 関連条文 ―
第八条の二
18　この法律において「介護予防支援」とは、居宅要支援者が第五十三条第一項に規定する指定介護予防サービス又は特例介護予防サービス費に係る介護予防サービス若しくはこれに相当するサービス、第五十四条の二第一項に規定する指定地域密着型介護予防サービス又は特例地域密着型介護予防サービス費に係る地域密着型介護予防サービス若しくはこれに相当するサービス、特定介護予防・日常生活支援総合事業（市町村、第百十五条の四十五の三第一項に規定する指定事業者又は第百十五条の四十七第六項の受託者が行うものに限る。以下この項及び第三十二条第四項第二号において同じ。）及びその他の介護予防に資する保健医療サービス又は福祉サービス（以下この項において「指定介護予防サービス等」という。）の適切な利用等をすることができるよう、第百十五条の四十六第一項に規定する地域包括支援センターの職員のうち厚生労働省令で定める者が、当該居宅要支援者の依頼を受けて、その心身の状況、その置かれている環境、当該居宅要支援者及びその家族の希望等を勘案し、利用する指定介護予防サービス等の種類及び内容、これを担当する者その他厚生労働省令で定める事項を定めた計画（以下この項及び別表において「介護予防サービス計画」という。）を作成するとともに、当該介護予防サービス計画に基づく指定介護予防サービス等の提供が確保されるよう、第五十三条第一項に規定する指定介護予防サービス事業者、第五十四条の二第一項に規定する指定地域密着型介護予防サービス事業者、特定介護予防・日常生活支援総合事業を行う者その他の者との連絡調整その他の便宜の提供を行うことをいい、「介護予防支援事業」とは、介護予防支援を行う事業をいう。
（指定事業者による第一号事業の実施）
第百十五条の四十五の三
市町村は、第一号事業（第一号介護予防支援事業にあっては、居宅要支援被保険者に係るものに限る。）については、居宅要支援被保険者等が、当該市町村の長が指定する者（以下「指定事業者」という。）の当該指定に係る第一号事業を行う事業所により行われる当該第一号事業を利用した場合において、当該居宅要支援被保険者等に対し、当該第一号事業に要した費用について、第一号事業支給費を支給することにより行うことができる。
2　前項の第一号事業支給費（以下「第一号事業支給費」という。）の額は、第一号事業に要する費用の額を勘案して、厚生労働省令で定めるところにより算定する額とする。

3　居宅要支援被保険者等が、指定事業者の当該指定に係る第一号事業を行う事業所により行われる当該第一号事業を利用したときは、市町村は、当該居宅要支援被保険者等が当該指定事業者に支払うべき当該第一号事業に要した費用について、第一号事業支給費として当該居宅要支援被保険者等に対し支給すべき額の限度において、当該居宅要支援被保険者等に代わり、当該指定事業者に支払うことができる。
4　前項の規定による支払があったときは、居宅要支援被保険者等に対し第一号事業支給費の支給があったものとみなす。
5　市町村は、指定事業者から第一号事業支給費の請求があったときは、厚生労働省令で定めるところにより審査した上、支払うものとする。
6　市町村は、前項の規定による審査及び支払に関する事務を連合会に委託することができる。
7　前項の規定による委託を受けた連合会は、当該委託をした市町村の同意を得て、厚生労働省令で定めるところにより、当該委託を受けた事務の一部を、営利を目的としない法人であって厚生労働省令で定める要件に該当するものに委託することができる。
（実施の委託）
第百十五条の四十七
6　市町村長は、介護予防・日常生活支援総合事業について、第一項又は第四項の規定により、その実施を委託した場合には、当該委託を受けた者（第八項、第百八十条第一項並びに第百八十一条第二項及び第三項において「受託者」という。）に対する当該実施に必要な費用の支払決定に係る審査及び支払の事務を連合会に委託することができる。
※介護保険法（平成九年法律第百二十三号）（抄）（第五条関係）【公布日又は平成二十六年四月一日のいずれか遅い日・平成二十七年四月一日・平成二十七年八月一日施行】

─── 参　考 ───
介護保険最新情報 vol.355　別紙2：介護保険制度の改正事項に関する考え方
③市町村による準備が可能か。また、市町村ごとに格差が生じないか。
○市町村の準備期間を考慮して、平成27,28年度は可能な市町村から新しい総合事業を実施することとし、平成29年4月までにすべての市町村で実施。
○新しい総合事業では、引き続き介護事業所による従来と同様のサービスも行うため、円滑な移行が可能。その上で、多様な主体による多様なサービスを地域の実情に応じて徐々に充実。
○生活支援サービスの充実に向けて、地域資源の開発やネットワーク化などを行う「生活支援サービスコーディネーター」の配置を平成26年度予算案でも消費税の充実分を活用して地域支援事業の任意事業として行えるよう計上（公費ベースで10億円）。また、各地域の好事例の収集・普及などを行うとともに、介護保険法に基づく指針（ガイドライン）を策定して、市町村の取組を最大限支援。

2. 新しい総合事業の概要

　予防訪問介護と予防通所介護の市町村での受け皿となる介護予防・日常生活支援総合事業（総合事業）は、地域密着型サービス同様に市町村が条例に基づいて運営する（**図表Ⅱ-9-3**）。2015（平成27）年4月1日より新制

度がスタートするが、その円滑な移行のために、市町村の総合事業のスタートには2年間の猶予期間が設けられた。2017(平成29)年4月1日までにすべての市町村で総合事業がスタートできるようにしなければならず、2018(平成30)年4月1日からは総合事業にすべて一本化される。総合事業のサービスを提供する事業者は市町村が指定する。従来の予防訪問介護と予防通所介護の事業所は、2015(平成27)年4月1日より、みなし指定として総合事業の指定を自動的に受ける。このように介護事業者による従来のサービスを「専門的サービス」と呼ぶ。他方、ボランティアスタッフやＮＰＯ法人、社会福祉法人などが提供するサービスを「多様なサービス」と呼ぶ。

　総合事業の対象者は、従来の要支援認定者とともに、新たに簡易的にチェックリスト方式で認定された二次予防者も同様に利用できる。予防給付に残る介護予防訪問看護、介護予防通所リハビリテーション等のサービスを利用する場合は、従来同様に要支援認定を受ける必要がある。総合事業のサービスのみを利用する場合には、要支援認定を受けず、上記簡便な形でのサービス利用が可能となる。今後は、認定までに時間のかかる要支援認定よりも、短期間で認定され、サービスが利用できるチェックリスト方式でのサービス利用が主流となると考えられる。その結果として、要支援認定者の人数が年々減少して、結果として、介護給付に残った予防訪問看護などの介護サービスの利用者も減少することとなる。総合事業の利用は、介護事業者による専門的サービス、ボランティアスタッフ等による多様なサービスのいずれのサービスも、地域包括支援センターが作成する介護予防ケアマネジメントに基づいて行われるため、ボランティアサービスの単独サービスであっても、利用者が勝手に利用することはできない。

　総合事業の事業内容は、従来の介護事業者が提供してきた訪問サービス、通所サービスとともに、配食サービスや見守りサービスなどの生活支援サービスが提供される。専門的なサービスは指定を受けた介護事業者が担当することとなる。提供されるサービスの内容は、総合事業を運営する市町村が、その地域の実情に応じて、多様な担い手による多様なサービスを提供していく制度であるために、地域によって提供されるサービスの内容に違いが生じる。地域における提供サービスの設計については、市町村の判断に委ねられ

ているが、地域ごとに提供サービスのバラツキが多い場合、地域によって利用者が利用できるサービスの内容に大きな格差が生じる。このため、厚労省はガイドラインを作成して、その範囲内において地域ごとのバラツキを最小限に抑える。市町村は、このガイドラインを最低限の標準として、市町村ごとに実情に応じたサービスを肉付けすることとなる。この肉付けの部分で、市町村ごとの特徴が出て、地域差が生じることとなる。

　ただし、このガイドラインはあくまでに指針であって強制力はない。サービス内容が、最終的には市町村の判断で設けられることには変わりなく、市町村によってサービス内容が異なることとなる。そのため、全国一律のサービス報酬単価を設定することができず、市町村による単価設定が可能とされた。同時に、利用者の自己負担割合についても市町村の実情やサービスの内容に応じて決めることができる。専門的なサービスを提供する介護事業者のサービスについては、国が基準となる報酬単位を示し、これまでの予

【図表Ⅱ-9-3】　要支援の受け皿となる「新しい」総合事業

実施主体	市町村(事業者への委託、市町村が特定した事業者が事業を実施した費用の支払等)→みなし指定
対象者	要支援者および介護予防・生活支援サービス事業対象者
利用手続	要支援認定により、ケアマネジメントに基づき利用
事業内容	多様なサービス提供の実現のために、介護予防・生活支援サービス事業として、訪問型サービス、通所型サービス、生活支援サービス(配食・見守り等)を実施
事業費の単価	サービスの内容に応じた市町村による単価設定を可能とする。訪問型・通所型サービスについては、現在の訪問介護、通所介護(予防給付)の報酬以下の単価を市町村が設定する仕組みとする。
利用料	地域で多様なサービスが提供されるため、内容に応じた利用料を市町村で設定
事業者	市町村が委託する方法に加えて、認定によって特定し、事後的に支払う仕組みを検討
限度額管理	利用者個人の限度額管理を実施。利用者が給付と事業を併用する場合には、給付と事業の総額で管理を行うことを可能とすることを検討
財源	予防給付と同じ

著者作成

防給付での報酬を上限として設定される。予防給付は基本的に月の包括報酬であったが、総合事業の報酬は従来の包括報酬または1回当たりの単価のいずれも市町村の判断で選択できる。

区分支給限度基準額の管理は、地域包括支援センターがケアプランの作成管理を通して給付管理を行う。基本的に国保連への伝送請求にて請求管理がなされる。利用者が介護給付対象サービスと総合事業の両方のサービスを利用する場合は、その総額で給付管理を行う。総合事業の財源は、介護給付と同じく、市町村の負担割合は12.5％を継続する。市町村の負担割合がこれまでの介護給付と同一であることから、市町村による利用制限は起こらないとされる。介護給付との大きな相違点は、財源に上限が設定されることである。その上限は、後期高齢者の伸び率が標準とされ、介護給付の伸び率の差は、市町村が多様なサービスの利用促進などで利用総額の伸びを抑える必要がある。

3. 総合事業への移行とみなし指定

(1)総合事業への移行時期

2015(平成27)年4月1日より新制度がスタートする。その円滑な移行のために、市町村が条例で定める場合、市町村の総合事業の実施には2年間の猶予期間が設けられた。2015年4月1日より総合事業を開始できる市町村は、その時点で実施する。総合事業は、市町村全域で一斉にスタートすることも可能であるが、市町村の選択でエリアをいくつかに区分して、エリアごとにスタートすることも可能である。試験的に2015年4月1日よりいくつかのエリアでスタートして、その結果を踏まえて時間をおいてから全域でスタートする段階的な実施が、これに当たる。市町村は、できる限り早期から新しい総合事業に取り組むことが求められるが、一方で、受け皿の整備等のために一定の時間をかけて、総合事業を開始することも選択肢の1つであるとされた(**図表Ⅱ-9-4**)。

いずれにしても、総合事業への移行においては、その円滑な移行を図るため、総合事業開始以降も、すでに要支援認定を受けている要支援被保険者は、その認定更新までの間は予防給付のサービスを継続して受けることがで

きる。要支援者の認定の有効期間は最長1年であることから、総合事業開始から1年で、その地域のすべての要支援者が総合事業に移行することになる。その他、2018（平成30）年3月31日までの厚生労働省令で定める期間は、引き続き予防給付を受けられる規定が設けられている（下線、著者）。

また、希望者から段階的に移行する場合であっても、一度、総合事業によるサービスを利用した場合は、以降、予防給付の訪問介護や通所介護を利用することはできない（介護保険条例参考例（案）に関するQ&A）。

【段階的な実施例】
(1) エリアごとに予防給付を継続（［例］広域連合の市町村ごと）
(2) 初年度は総合事業によるサービスの利用を希望する者以外は予防給付を継続
(3) すでに給付によるサービスを利用している者は、初年度は予防給付とし、翌年度当初からすべての者を総合事業に移行

猶予期間を設ける場合も、2017（平成29）年4月1日までにすべての市町村で総合事業がスタートできるようにしなければならず、2018（平成30）年

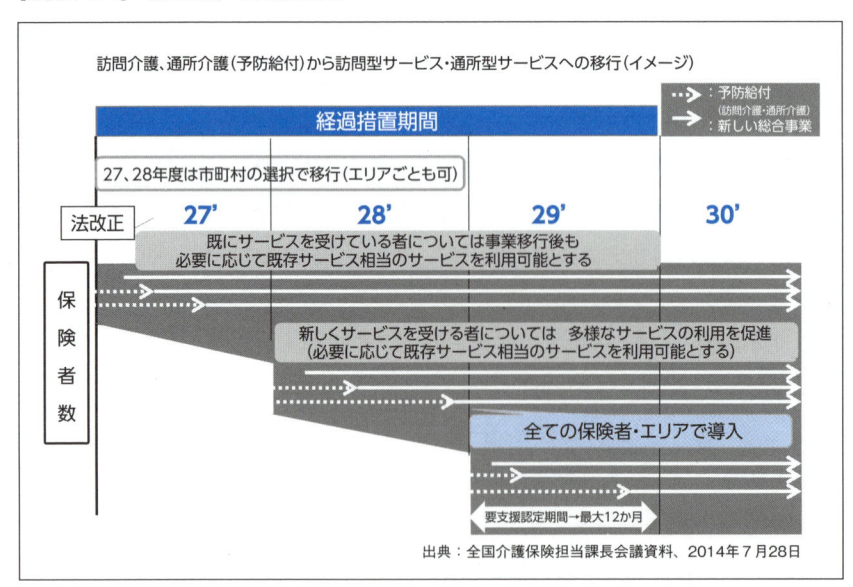

【図表Ⅱ-9-4】 総合事業への円滑な移行

出典：全国介護保険担当課長会議資料、2014年7月28日

4月1日からは総合事業にすべて一本化される。総合事業の移行に際しては、すでにサービスを受けている人については事業移行後も、必要に応じて既存サービス相当のサービスを利用可能とするが、総合事業に移行後に、新しくサービスを受ける人については、主に多様なサービスの利用を促進し、必要に応じて既存サービス相当のサービスを利用可能としている。

(2) みなし指定の適用

　総合事業には、みなし指定が適用される。2015 (平成27) 年3月31日時点で予防訪問介護と予防通所介護の許認可を受けている事業者は、2015年4月1日より2018 (平成30) 年3月31日まで総合事業者として指定されたものとみなされる (**図表Ⅱ-9-5**)。言い換えれば、許認可手続きや届出が必要なく、その時点での人員、設備で総合事業の事業所運営が可能である。実施を猶予して2015年4月から実施しない市町村においても、総合事業に係るみなし指定の効力は2015年4月1日より生じる。

　ただし、市町村が2015年4月までにその有効期間を定めた場合には、その定める期間とする。基盤整備が充実している市町村においては、総合事業に係るみなし指定の有効期間をあらかじめ2年と定めることも可能である。また、この期間内においては、市町村による総合事業の指定と従来の介護給付における予防訪問介護と予防通所介護の指定が同時に有効となっている期間でもある。総合事業は地域密着型サービス同様に、市町村の指定であるため、他の市町村の利用者へのサービス提供を行う場合は、その市町村からの総合事業の指定も必要である。

　みなし指定は、2015年3月31日時点で他の市町村に住民票をもつ利用者がいる場合は、その市町村にもみなし指定の効力が及ぶ。ただし、事業を継続する場合には、2018年3月31日のみなし指定の効力が切れる前までに指定更新手続きが必要であり、その更新手続きは該当するすべての市町村ごとに手続きを行う必要がある。また、予防訪問介護等に係る介護予防事業者指定は、2015年4月以降でも新たな指定や更新を受けることは可能である。その場合、総合事業に係るみなし指定の対象とならないので、個別に総合事業の許認可申請を市町村に行う必要がある。

　制度改正以降の総合事業でのサービス提供の継続を希望しない場合は、

みなし指定を希望しない旨の届出が必要である。みなし指定を希望しない介護予防サービス事業者による申出は、事業所が所在する都道府県知事および市町村長、他の市町村の被保険者が利用している場合には、その他市町村長にも提出する。介護予防サービス事業者は、みなし指定を希望しない旨の届出を行う際は、その時点でのサービス利用者が他事業所等において継続的に同様のサービスを受けることができるよう、利用者やケアマネジメントを行う地域包括支援センター等と十分調整する必要がある。みなし指定を希望しない旨の届出は総合事業に係る規定の施行日の前日（2015〈平成27〉年3月31日）までに行うこととなる。届出は、事業所の所在地を管轄する都道府県知事および市町村長、他の市町村の被保険者が利用している場合には、その他の市町村の長に提出する。ただし、指定都市または中核市の区域に所在する事業所に係る申出については、指定都市等の長に提出して行う。その記載事項は、①当該申出に係る指定介護予防サービス事業者の事業所の名称および所在地並びにその代表者および管理者の氏名およ

【図表Ⅱ-9-5】 総合事業と地域密着型通所介護のみなし指定（現時点で検討しているもの）

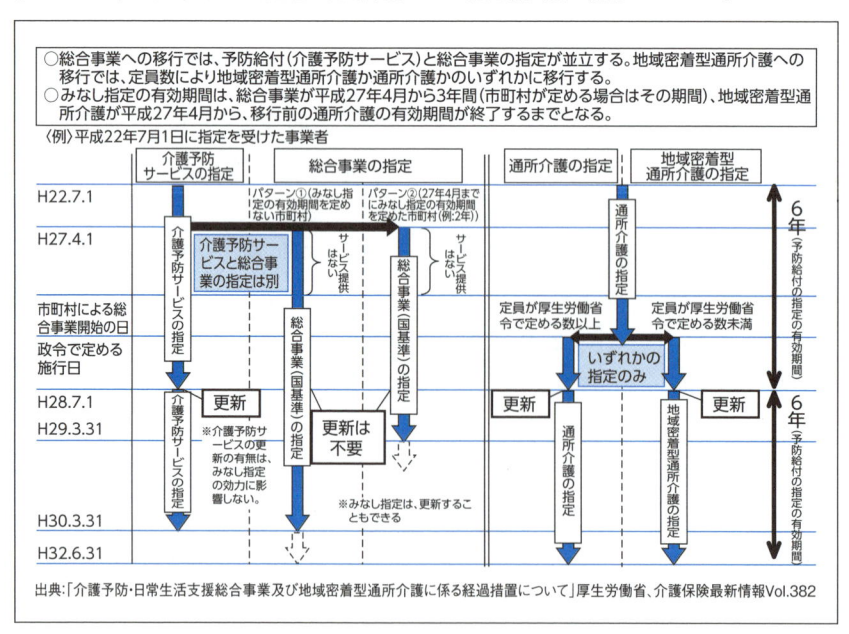

出典：「介護予防・日常生活支援総合事業及び地域密着型通所介護に係る経過措置について」厚生労働省、介護保険最新情報Vol.382

び住所、②医療介護総合確保推進法附則第13条本文に係る指定を不要とする旨本文に係る指定を不要とする旨である。

　総合事業におけるみなし指定を受けた事業者が提供するサービスの基準やサービス単価、利用者負担割合については、国が定めたものを勘案して市町村が定めるものとする。国が定める具体的な基準やサービス単価、利用者負担割合については予防給付によるものを踏まえた内容とする予定であり、2015（平成27）年度介護報酬改定等についても反映させる。

（3）事業者への実地指導等

　市町村は、都道府県等による介護給付の指定事業者への実地指導や監査において不適切な事例が見つかった場合は、都道府県と連携して指導・監督を行うなど、効率的に適切な総合事業の実施に努める必要がある。既存の介護サービス事業者は、引き続き、要介護者および要支援者双方にサービス提供を行うことから、訪問介護事業者や通所介護事業者を指定して指導・監督を行う都道府県が関与する。都道府県は、実地指導・監査で、不正請求や運営基準違反等が判明した場合は、その勧告命令や指定の取消を行うとともに、必要な情報を市町村に提供して共同で指導・監督を行うなど、市町村に配慮した指導・監督を行う。また、それ以外の事業者に対する指導・監督は、そのサービス内容等に応じた形で実施する。

　例えば、地域包括支援センターがケアマネジメントのなかでサービス提供状況について一定程度把握していることから、そこを端緒として必要な指導・監督を行っていく。事業を廃止または休止する介護予防サービス事業者は、その廃止または休止の1か月前までにその旨を都道府県知事に届け出なければならない。総合事業の指定も、利用者保護の観点から、市町村において同様の規定を設け、届出があった場合には必要に応じて利用者の受け入れ先の調整などを行う。

関連条文

（指定事業者の指定）
第百十五条の四十五の五
第百十五条の四十五の三第一項の指定（第百十五条の四十五の七第一項を除き、以下この章において「指定事業者の指定」という。）は、厚生労働省令で定めるところにより、第一号事業

を行う者の申請により、当該事業の種類及び当該事業の種類に係る当該第一号事業を行う事業所ごとに行う。
2　市町村長は、前項の申請があった場合において、申請者が、厚生労働省令で定める基準に従って適正に第一号事業を行うことができないと認められるときは、指定事業者の指定をしてはならない。
（指定の更新）
第百十五条の四十五の六
指定事業者の指定は、厚生労働省令で定める期間ごとにその更新を受けなければ、その期間の経過によって、その効力を失う。
2　前項の更新の申請があった場合において、同項の期間（以下この条において「有効期間」という。）の満了の日までにその申請に対する処分がされないときは、従前の指定事業者の指定は、有効期間の満了後もその処分がされるまでの間は、なおその効力を有する。
3　前項の場合において、指定事業者の指定の更新がされたときは、その有効期間は、従前の有効期間の満了の日の翌日から起算するものとする。
4　前条の規定は、指定事業者の指定の更新について準用する。
（報告等）
第百十五条の四十五の七
市町村長は、第一号事業支給費の支給に関して必要があると認めるときは、指定事業者若しくは指定事業者であった者若しくは当該第百十五条の四十五の三第一項の指定に係る事業所の従業者であった者（以下この項において「指定事業者であった者等」という。）に対し、報告若しくは帳簿書類の提出若しくは提示を命じ、指定事業者若しくは当該指定に係る事業所の従業者若しくは指定事業者であった者等に対し出頭を求め、又は当該職員に、関係者に対して質問させ、若しくは当該指定事業者の当該指定に係る事業所、事務所その他当該指定事業者が行う第一号事業に関係のある場所に立ち入り、その設備若しくは帳簿書類その他の物件を検査させることができる。
2　第二十四条第三項の規定は前項の規定による質問又は検査について、同条第四項の規定は前項の規定による権限について、それぞれ準用する。
（勧告、命令等）
第百十五条の四十五の八
市町村長は、指定事業者が、第百十五条の四十五第一項第一号イからニまで又は第百十五条の四十五の五第二項の厚生労働省令で定める基準に従って第一号事業を行っていないと認めるときは、当該指定事業者に対し、期限を定めて、これらの厚生労働省令で定める基準に従って第一号事業を行うことを勧告することができる。
2　市町村長は、前項の規定による勧告をした場合において、その勧告を受けた指定事業者が同項の期限内にこれに従わなかったときは、その旨を公表することができる。
3　市町村長は、第一項の規定による勧告を受けた指定事業者が、正当な理由がなくてその勧告に係る措置をとらなかったときは、当該指定事業者に対し、期限を定めて、その勧告に係る措置をとるべきことを命ずることができる。
4　市町村長は、前項の規定による命令をした場合においては、その旨を公示しなければならない。
（指定事業者の指定の取消し等）
第百十五条の四十五の九
市町村長は、次の各号のいずれかに該当する場合においては、当該指定事業者に係る指定事業

> 者の指定を取り消し、又は期間を定めてその指定事業者の指定の全部若しくは一部の効力を停止することができる。
> 一　指定事業者が、第百十五条の四十五第一項第一号イからニまで又は第百十五条の四十五の五第二項の厚生労働省令で定める基準に従って第一号事業を行うことができなくなったとき。
> 二　第一号事業支給費の請求に関し不正があったとき。
> 三　指定事業者が、第百十五条の四十五の七第一項の規定により報告又は帳簿書類の提出若しくは提示を命ぜられてこれに従わず、又は虚偽の報告をしたとき。
> 四　指定事業者又は当該指定事業者の指定に係る事業所の従業者が、第百十五条の四十五の七第一項の規定により出頭を求められてこれに応ぜず、同項の規定による質問に対して答弁せず、若しくは虚偽の答弁をし、又は同項の規定による検査を拒み、妨げ、若しくは忌避したとき。ただし、当該指定事業者の指定に係る事業所の従業者がその行為をした場合において、その行為を防止するため、当該指定事業者が相当の注意及び監督を尽くしたときを除く。
> 五　指定事業者が、不正の手段により指定事業者の指定を受けたとき。
> 六　前各号に掲げる場合のほか、指定事業者が、この法律その他国民の保健医療若しくは福祉に関する法律で政令で定めるもの又はこれらの法律に基づく命令若しくは処分に違反したとき。
> 七　前各号に掲げる場合のほか、指定事業者が、地域支援事業又は居宅サービス等に関し不正又は著しく不当な行為をしたとき。
> ※介護保険法

4. 総合事業の事業内容

(1) サービスの種類

　介護予防・日常生活支援総合事業は、介護予防訪問介護等を移行し、要支援者およびチェックリスト審査で第2号被保険者に該当した利用者に対して必要な支援を行う「介護予防・生活支援サービス事業」（法第115条の45第1項第1号）（下線、著者。以下、同）とチェックリスト審査で第2号被保険者に該当しなかった第1号被保険者に対して体操教室等の介護予防を行う「一般介護予防事業」（法第115条の45第1項第2号）がある（**図表Ⅱ-9-6**）。

　介護給付から予防訪問介護と予防通所介護を移行し、多様なサービス提供の実現のために介護予防・生活支援サービス事業として、要支援者等に対し、掃除、洗濯等の日常生活上の支援を提供する「訪問型サービス」（第1号訪問事業　法第115条の45第1項第1号イ）、要支援者等に対し、機能訓練や集いの場など日常生活上の支援を提供する「通所型サービス」（第1号通所事業　法第115条の45第1項第1号ロ）、栄養改善を目的とし

た配食や一人暮らし高齢者等への見守りを提供する、「その他の生活支援サービス」（第1号生活支援事業　法第115条の45第1項第1号ハ）を実施する（**図表Ⅱ-9-7**）。

　総合事業の利用は予防給付サービス同様に、地域包括支援センターが作成するケアプランに基づいて行われる。これを「介護予防ケアマネジメント」（第1号介護予防支援事業　法第115条の45第1項第1号ニ）と呼ぶ。総合事業による介護予防ケアマネジメントは、介護予防支援と同様、地域包括支援センターが要支援者等に対するアセスメントを行い、その状態や置かれている環境等に応じて、本人が自立した生活を送ることができるようケアプランを作成するものである。

　要支援者で、予防給付によるサービスを利用するケースについては、予防給付の介護予防サービス計画費が支給される。要支援者等で、予防給付によるサービスの利用がないケースについては、介護予防ケアマネジメントが行われる。利用対象者は、要支援認定を受け、予防ケアマネジメントを受ける「要支援者」と、要支援認定を省略し、基本チェックリストを用いた簡易な形でまず対象者を判断し、介護予防ケアマネジメントを通じて必要なサービスにつなげる「介護予防・生活支援サービス事業対象者」（事業対象者）がある。基本チェックリストが、従来の2次予防事業対象者の把握事業のように、市町村から被保険者に対して積極的に呼びかけるものではなく、支援が必要だと市町村や地域包括支援センターに相談に来た人に対して、要支援認定ではなく、簡便にサービスにつなぐために実施するものである。

　基本チェックリストで認定とならなかった利用者へは一般介護予防事業として、「介護予防把握事業、介護予防普及啓発事業、地域介護予防活動支援事業、一般介護予防事業評価事業、地域リハビリテーション活動支援事業」が提供される。

　介護予防・生活支援サービス事業は、現行の予防給付サービスと同等のサービスとして専門的なサービスを提供するために、市町村より予防給付と同等の基準によって指定を受けた介護事業者がサービスを提供する訪問介護と通所介護がある。

(2) 指定事業者による専門的サービス

「訪問介護」は、すでにサービスを利用している場合でサービスの利用の継続が必要なケースや、認知機能の低下により日常生活に支障がある症状・行動を伴う場合、認知機能の低下により日常生活に支障がある症状・行動を伴う場合、退院直後で状態が変化しやすく、専門的サービスが特に必要などの理由で訪問介護員によるサービスが必要なケースで利用される。新しく事業の対象となる要支援者等については、自らの能力を最大限活用しつつ、住民主体による支援等の多様なサービスの利用を促す。このサービスは継続反復して使い続けるのではなく、一定期間後のモニタリングに基づき、利用者の状態等を踏まえながら、多様なサービスの利用に移行を促進していくことが重要とされた。

「通所介護」は、サービス内容や想定される状態の違い等に対応して、生活機能向上型のサービス内容のものとそれ以外のものの2つの種類が想定される。すでにサービスを利用している場合でサービスの利用の継続が必要なケースや、多様なサービスの利用が難しいケース、集中的に生活機能の向上のトレーニングを行うことで改善・維持が見込まれるケースなどで利用される。新しく事業の対象となる要支援者等については、自らの能力を最大限活用しつつ、住民主体による支援等の多様なサービスの利用を促していく。訪問介護同様に利用者の状態等を踏まえながら、一定期間後のモニタリングに基づき、可能な限り住民主体の多様なサービスの利用への移行を促進していくことが重要とされた。

(3) 住民主体の多様なサービス

ボランティアスタッフやNPO法人等がサービスを提供する多様なサービスは、サービス内容は柔軟に提供可能とし、ケアマネジメントにより、利用者の自立支援に資する支援を提供する。訪問型サービスにおける多様なサービスについては、雇用労働者が行う緩和した基準によるサービスと、住民主体による支援、保健・医療の専門職が短期集中で行うサービス、移動支援が考えられる。その類型を4類型として例示された(**図表Ⅱ-9-8**)。

「訪問型サービスA(緩和した基準によるサービス)」は生活援助などのサービスを、人員基準を緩和した上で住民主体サービスとしてNPO法人

などに事業者指定、または委託をし、その雇用労働者によってサービスが提供される。

「訪問型サービスB(住民主体による支援)」は住民主体の有償・無償のボランティアスタッフなどの自主的活動として生活援助などのサービスを提供するため、実施基準も個人情報の保護など最低限の基準で運営される。

「訪問型サービスC(短期集中予防サービス)」は、体力の改善に向けた支援が必要なケースやADL・IADLの改善に向けた支援が必要なケースに対応するために、保健師など保健・医療の専門職による居宅での相談指導等を、3～6か月の短期間で提供する。この場合の基準はそのサービス内容に応じて独自の基準を設ける。

「訪問型サービスD(移動支援)」は、介護予防・生活支援サービスと一体的に行われる移動支援や、移動準備など移動前後の生活支援を住民主体のボランティアスタッフなどの自主的活動として生活援助などのサービスを提供する。

通所型サービスでは、雇用労働者が行う緩和した基準によるサービスと、住民主体による支援、保健・医療の専門職により短期集中で行うサービスが考えられる。その類型を3類型として例示された(**図表Ⅱ-9-9**)。

「通所型サービスA(緩和した基準によるサービス)」はミニデイサービス、運動・レクリエーションなどのサービスを、人員基準を緩和した上で住民主体サービスとしてNPO法人などに事業者指定、または委託をし、その雇用労働者およびボランティアスタッフによってサービスが提供される。

「通所型サービスB(住民主体による支援)」は住民主体の有償・無償ボランティアスタッフなどの自主的活動として、体操、運動等の活動など、自主的な通いの場などのサービスを提供するため、実施基準も個人情報の保護など最低限の基準で運営される。

「通所型サービスC(短期集中予防サービス)」はADLやIADLの改善に向けた支援が必要であり、生活機能を改善するための運動器の機能向上や栄養改善等のプログラムが必要なケースに対応するために、保健師など保健・医療の専門職による居宅での相談指導等を、3～6か月の短期間で提供する。この場合の基準はそのサービス内容に応じて独自の基準を設ける。

(4) その他の生活支援サービス

その他の生活支援サービスでは、被保険者の地域における自立した日常生活の支援のための事業であって、訪問型サービスや通所型サービスと一体的に行われる場合に効果があると認められるものとして厚生労働省令で定めるものと規定している。厚生労働省令において、その他の生活支援サービスとして総合事業により実施することができるものについて、以下の3つサービスを規定する。

「<u>栄養改善の目的とした配食</u>」は、栄養改善を目的とした配食や一人暮らし高齢者に対する見守りとともに行う配食などのサービスを行う。配食については、食材費などの補助を行う趣旨ではないことから、食材費などの実費については利用者に負担を求める。

「<u>住民ボランティア等が行う見守り</u>」は、定期的な安否確認および緊急時の対応である見守りや、住民ボランティアなどが行う訪問による見守りサービスを行う。

【図表Ⅱ-9-6】　介護予防・生活支援サービス事業

事業	内容
訪問型サービス (第1号訪問事業) (法第115条の45第1項第1号イ)	要支援者等に対し、掃除、洗濯等の日常生活上の支援を提供
通所型サービス (第1号通所事業) (同号ロ)	要支援者等に対し、機能訓練や集いの場など日常生活上の支援を提供
その他の生活支援サービス (第1号生活支援事業) (同号ハ)	要支援者等に対し、栄養改善を目的とした配食や一人暮らし高齢者等への見守りを提供
介護予防ケアマネジメント (第1号介護予防支援事業) (同号ニ)	要支援者等に対し、総合事業によるサービス等が適切に提供できるようケアマネジメント

対象者	サービス利用に至る流れ
要支援者	要支援認定を受け介護予防ケアマネジメントを受ける
介護予防・生活支援サービス事業対象者(事業対象者)	基本チェックリストを用いた簡易な形でまず対象者を判断し、介護予防ケアマネジメントを通じて必要なサービスにつなげる

出典：全国介護保険担当課長会議資料、2014年7月28日

【図表Ⅱ-9-7】 介護予防・日常生活支援総合事業（新しい総合事業）の構成

介護予防・日常生活支援総合事業（新しい総合事業）
- 介護予防・生活支援サービス事業
  - 訪問型サービス（第1号訪問事業）
    - 現行の訪問介護相当
      - ①訪問介護
    - 多様なサービス
      - ②訪問型サービスA（緩和した基準によるサービス）
      - ③訪問型サービスB（住民主体による支援）
      - ④訪問型サービスC（短期集中予防サービス）
      - ⑤訪問型サービスD（移動支援）
  - 通所型サービス（第1号通所事業）
    - 現行の通所介護相当
      - ①通所介護
    - 多様なサービス
      - ②通所型サービスA（緩和した基準によるサービス）
      - ③通所型サービスB（住民主体による支援）
      - ④通所型サービスC（短期集中予防サービス）
  - その他の生活支援サービス（第1号生活支援事業）
    - ①栄養改善の目的とした配食
    - ②住民ボランティア等が行う見守り
    - ③訪問型サービス、通所型サービスに準じる自立支援に資する生活支援（訪問型サービス・通所型サービスの一体的提供等）
  - 介護予防ケアマネジメント（第1号介護予防支援事業）

（従来の要支援者）
- 要支援認定を受けた者（要支援者）
- 基本チェックリスト該当者（介護予防・生活支援サービス対象事業者）

※上記はサービスの典型例として示しているもの。市町村はこの例を踏まえて、地域の実情に応じた、サービス内容を検討する。

- 一般介護予防事業
  - ①介護予防把握事業
  - ②介護予防普及啓発事業
  - ③地域介護予防活動支援事業
  - ④一般介護予防事業評価事業
  - ⑤地域リハビリテーション活動支援事業
- 第1号被保険者の全ての者
- その支援のための活動に関わる者

出典：全国介護保険担当課長会議資料、2014年7月28日

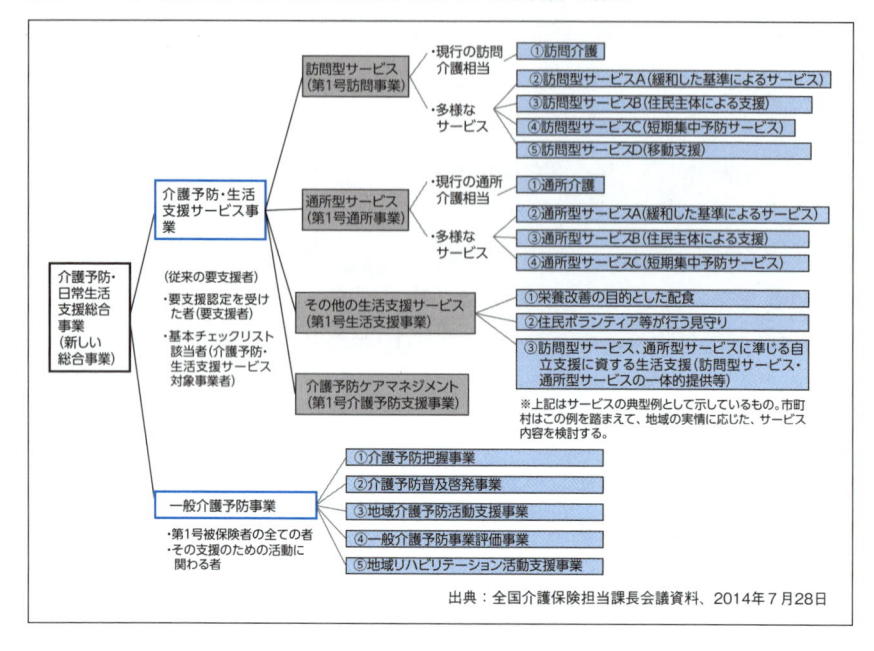

【図表Ⅱ-9-8】 サービスの類型 ①訪問型サービス

基準	現行の訪問介護相当	多様なサービス			
サービス種別	①訪問介護	②訪問型サービスA（緩和した基準によるサービス）	③訪問型サービスB（住民主体による支援）	④訪問型サービスC（短期集中予防サービス）	⑤訪問型サービスD（移動支援）
サービス内容	訪問介護員による身体介護、生活援助	生活援助等	住民主体の自主活動として行う生活援助等	保健師等による居宅での相談指導等	移送前後の生活支援
対象者とサービス提供の考え方	○既にサービスを利用しているケースで、サービスの利用の継続が必要なケース ○以下のような訪問介護によるサービスが必要なケース （例） ・認知機能の低下により日常生活に支障がある症状・行動を伴う者 ・退院直後で状態が変化しやすく、専門的サービスが特に必要な者　等 ※状態等を踏まえながら、多様なサービスの利用を促進していくことが重要。	○状態等を踏まえながら、住民主体による支援等「多様なサービス」の利用を促進		・体力の改善に向けた支援が必要なケース ・ADL・IADLの改善に向けた支援が必要なケース ※3～6ケ月の短期間で行う	訪問型サービスBに準じる
実施方法	事業者指定	事業者指定／委託	補助（助成）	直接実施／委託	
基準	予防給付の基準を基本	人員等を緩和した基準	個人情報の保護等の最低限の基準	内容に応じた独自の基準	
サービス提供者（例）	訪問介護員（訪問介護事業者）	主に雇用労働者	ボランティア主体	保健・医療の専門職（市町村）	

出典：全国介護保険担当課長会議資料、2014年7月28日

【図表Ⅱ-9-9】 サービスの類型 ②通所型サービス

基準	現行の訪問介護相当	多様なサービス		
		②通所型サービスA（緩和した基準によるサービス）	③通所型サービスB（住民主体による支援）	④通所型サービスC（短期集中予防サービス）
サービス種別	①通所介護			
サービス内容	通所介護と同様のサービス 生活機能の向上のための機能訓練	ミニデイサービス 運動・レクリエーション等	体操、運動等の活動など、自主的な通いの場	生活機能を改善するための運動器の機能向上や栄養改善等のプログラム
対象者とサービス提供の考え方	○既にサービスを利用しており、サービスの利用の継続が必要なケース ○「多様なサービス」の利用が難しいケース ○集中的に生活機能の向上のトレーニングを行うことで改善・維持が見込まれるケース ※状態等を踏まえながら、多様なサービスの利用を促進していくことが重要。	○状態等を踏まえながら、住民主体による支援等「多様なサービス」の利用を促進		・ADLやIADLの改善に向けた支援が必要なケース等 ※3～6ケ月の短期間で実施
実施方法	事業者指定	事業者指定／委託	補助（助成）	直接実施／委託
基準	予防給付の基準を基本	人員等を緩和した基準	個人情報の保護等の最低限の基準	内容に応じた独自の基準
サービス提供者（例）	通所介護事業者の従事者	主に雇用労働者＋ボランティア	ボランティア主体	保健・医療の専門職（市町村）

出典：全国介護保険担当課長会議資料、2014年7月28日

　「訪問型サービス、通所型サービスに準じる自立支援に資する生活支援（訪問型サービス・通所型サービスの一体的提供等）」は、その他、訪問型サービス、通所型サービスに準じる生活支援であって、地域における自立した日常生活の支援に資するサービスとし、市町村が定める生活支援として、訪問型サービス及び通所型サービスの一体的提供等を行う。

　なお、総合事業によるその他の生活支援サービスは、市場におけるサービス提供の活用を補足するものとして提供するものである。市町村はこの例を踏まえて、地域の実情に応じたサービス内容を検討することとなる。

　ただし、市町村はこの類型を一例として捉えることになるが、国保連を通して報酬の請求や給付管理を行う場合、この類型が国保連のシステムのフォーマットになるため、実質的にこの類型を用いて市町村はサービス内容を検討することとなる。

(5) 一般介護予防事業

　一般介護予防事業は、市町村の独自財源で行う事業や地域の互助、民間サービスとの役割分担を踏まえ、住民運営の通いの場を充実させ、参加者や通いの場が継続的に拡大していくような地域づくりを推進するとともに、地域においてリハビリテーション専門職等を活かした自立支援に資する取り組みを推進し、生きがい・役割をもって生活できる地域の実現を目指すこと

を目的としている。第1号被保険者のすべての者およびその支援のための活動に関わる者が対象者とされ、主に基本チェックリストで認定とならなかった利用者への利用が促進される。また、従来の一次予防事業と二次予防事業の区別はなくなる（**図表Ⅱ-9-10**）。

「介護予防把握事業」は、地域の実情に応じて収集した情報等の活用によって、閉じこもり等の何らかの支援を要する者を把握し、介護予防活動へつなげる役割を担う。

「介護予防普及啓発事業」は、介護予防活動の普及・啓発に関する活動を行う。「地域介護予防活動支援事業」は、地域における住民主体の介護予防活動の育成および支援を行う。

「一般介護予防事業評価事業」は、介護保険事業計画に定める目標値の達成状況等の検証を行い、一般介護予防事業の事業評価を行う。

以上の4つについては既存のサービスであるが、一次予防事業と二次予防事業を区別せず、地域の実情に応じた効果的な取り組みを行い、推進する観点から内容が見直された。今回、新設された「地域リハビリテーション活動支援事業」は、地域における介護予防の取り組みを機能強化するために、

【図表Ⅱ-9-10】　一般介護予防事業

事業	内容
介護予防把握事業	地域の実情に応じて収集した情報等の活用により、閉じこもり等の何らかの支援を要する者を把握し、介護予防活動へつなげる
介護予防普及啓発事業	介護予防活動の普及・啓発を行う
地域介護予防活動支援事業	地域における住民主体の介護予防活動の育成・支援を行う
一般介護予防事業評価事業	介護保険事業計画に定める目標値の達成状況等の検証を行い、一般介護予防事業の事業評価を行う
地域リハビリテーション活動支援事業（新事業）	地域における介護予防の取組を機能強化するために、通所、訪問、地域ケア会議、サービス担当者会議、住民運営の通いの場等へのリハビリテーション専門職等の関与を促進する

従来の一次予防事業と二次予防事業の区別はない。

（対象者）
○　第1号被保険者の全ての者及びその支援のための活動に関わる者とする。

出典：全国介護保険担当課長会議資料、2014年7月28日

通所、訪問、地域ケア会議、サービス担当者会議、住民運営の通いの場などへのリハビリテーション専門職等の関与を促進していく事業である。

> ┌─ 関連条文 ─
> （地域支援事業）
> 第百十五条の四十五　市町村は、被保険者（当該市町村が行う介護保険の住所地特例適用被保険者を除き、当該市町村の区域内に所在する住所地特例対象施設に入所等をしている住所地特例適用被保険者を含む。第三項第三号及び第百十五条の四十九を除き、以下この章において同じ。）の要介護状態等となることの予防又は要介護状態等の軽減若しくは悪化の防止及び地域における自立した日常生活の支援のための施策を総合的かつ一体的に行うため、厚生労働省令で定める基準に従って、地域支援事業として、次に掲げる事業（以下「介護予防・日常生活支援総合事業」という。）を行うものとする。
> 一　居宅要支援被保険者その他の厚生労働省令で定める被保険者（以下「居宅要支援被保険者等」という。）に対して、次に掲げる事業を行う事業（以下「第一号事業」という。）
> 　イ　居宅要支援被保険者等の介護予防を目的として、当該居宅要支援被保険者等の居宅において、厚生労働省令で定める基準に従って、厚生労働省令で定める期間にわたり日常生活上の支援を行う事業（以下この項において「第一号訪問事業」という。）
> 　ロ　居宅要支援被保険者等の介護予防を目的として、厚生労働省令で定める施設において、厚生労働省令で定める基準に従って、厚生労働省令で定める期間にわたり日常生活上の支援又は機能訓練を行う事業（以下この項において「第一号通所事業」という。）
> 　ハ　厚生労働省令で定める基準に従って、介護予防サービス事業若しくは地域密着型介護予防サービス事業又は第一号訪問事業若しくは第一号通所事業と一体的に行われる場合に効果があると認められる居宅要支援被保険者等の地域における自立した日常生活の支援として厚生労働省令で定めるものを行う事業（ニにおいて「第一号生活支援事業」という。）
> 　ニ　居宅要支援被保険者等（指定介護予防支援又は特例介護予防サービス計画費に係る介護予防支援を受けている者を除く。）の介護予防を目的として、厚生労働省令で定める基準に従って、その心身の状況、その置かれている環境その他の状況に応じて、その選択に基づき、第一号訪問事業、第一号通所事業又は第一号生活支援事業その他の適切な事業が包括的かつ効率的に提供されるよう必要な援助を行う事業（以下「第一号介護予防支援事業」という。）
> 二　被保険者（第一号被保険者に限る。）の要介護状態等となることの予防又は要介護状態等の軽減若しくは悪化の防止のため必要な事業（介護予防サービス事業及び地域密着型介護予防サービス事業並びに第一号訪問事業及び第一号通所事業を除く。）

5. 報酬単価と利用料および給付管理

　総合事業のサービス内容は市町村ごとに地域の状況に応じて決めることができる。結果として、市町村ごとに提供されるサービスの内容が異なることから、報酬単価も、提供されるサービスの内容に応じて市町村による単価設定が可能となっている。単価の設定については、予防給付サービス同様

に月額の包括報酬もしくは1回当たり単価の設定も可能であるが、予防給付の報酬以下の単価を設定しなければならない。地域区分などの適用も市町村が決めることができる仕組みとなっている。総合事業は、市町村が要支援者に対して、多様な主体による多様なサービスの提供を可能とするものであり、そのサービス内容に応じた単価設定が基本である。

　介護事業所にとっては、総合事業に移行するに際しての不安は報酬が大きく減額されることにあるのではないか。この部分については、2014（平成26）年4月から6月にかけての通常国会の衆参両院における厚生労働委員会の質疑のなかで何度も取り上げられた。それに対する田村憲久厚生労働大臣（当時）と原勝則老健局長（当時）の回答は終始一貫していたように思える。その回答は、国として介護職員の処遇改善に真剣に取り組んでいるなかで、報酬を下げるようなことがあっては、結果として介護職員の時給を下げることにつながり、そのような政策をとるはずがない——という趣旨のものであったと記憶している。このあたりの経緯に関しては、現代においてはインターネットを介して、いつでもオンデマンドで厚生労働委員会の質疑のビデオを見ることができるので関心があれば、ぜひご覧いただきたい。この回答は、合点がいくものである。総合事業に予防訪問介護と予防通所介護を移行する目的は、報酬を削減することではない。もし、報酬を削減することが目的であったなら、介護給付に残して、単純に介護報酬を減額すれば済む話だからである。

　総合事業に予防訪問介護と予防通所介護を移行する目的は何か。介護事業者の請求総額、すなわち国などの支出金額は、介護報酬単位×サービス提供回数（提供時間）で算出される。例えば、訪問介護事業所が身体Ⅱで入浴介助を月に8回実施した場合、身体Ⅱ⇒404単位×8回で、その月の請求は3,232単位となる。総合事業に移行する目的は、この報酬単位404単位を減額することではない。サービス提供回数（提供時間）を減らすことが目的である。もしくは、利用者数を増やさずに、減らしていくことが目的だからである。月に8回の利用を半分の4回にすることができれば、請求額も半分の1,616単位に減る。報酬単位も利用回数も減ることがなくても、月に10人の利用者を指定事業者が提供する専門的サービスから、ボランティア

スタッフの多様なサービスに移すことで10人が5人になっても、請求総額、すなわち給付総額が減る。これが総合事業に予防訪問介護と予防通所介護を移行する目的であり、報酬単位は現在の報酬を上限として、増額しないだけで十分といえる（**図表Ⅱ-9-11**）。では、それぞれのサービスに対応する報酬の仕組みを見ていく。

【図表Ⅱ-9-11】 要支援事業の意味

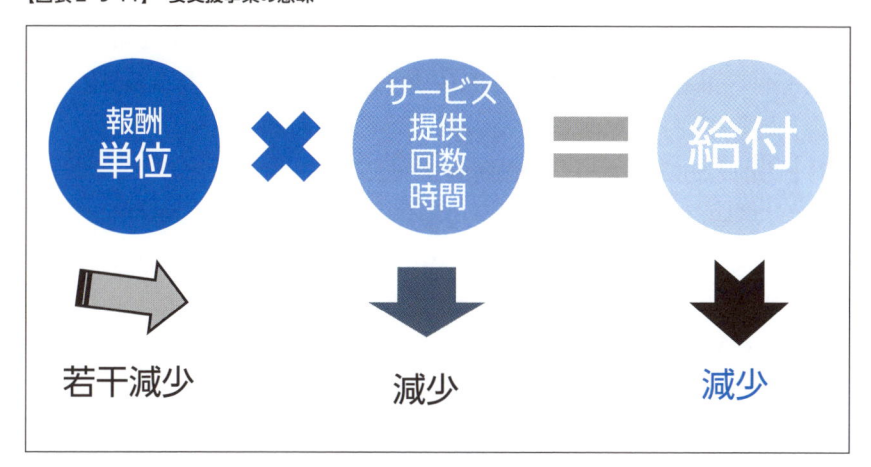

報酬単位 × サービス提供回数時間 ＝ 給付

若干減少　　減少　　減少

(1) 介護予防訪問介護、介護予防通所介護等に相当するサービス

　要支援者等が個別の指定事業者によるサービス提供を受けその利用状況に応じて対価を支払う。そのサービス単価については、厚生労働省令により、市町村において、国が定める予防給付における報酬単価を上限として、個別のサービス単価を定めることとなる。なお、国が定める上限は単位で規定される。その際は、指定事業者によるサービスが訪問介護員等による専門的サービスであり、市町村が条例で設定した人員基準、運営基準等の内容と地域の実情に応じて、国が定める額を上限として単価を定める。設定される単価は、予防給付と同様に月当たりの包括単価とするほか、利用1回ごとの単価を決めることができるが、この場合は月の合計額が包括単価以下となる。

　加算は、地域の実情に応じて市町村が定めることが可能であるが国が定

める単価の上限額を超過することはない。国が定めている加算は、その範囲において単価の上限額超過ができる。限度額管理外とする加算は、国において定められている加算である中山間地域の小規模事業所に対する加算や特別地域加算、処遇改善加算等のみで、その範囲内で定めている。

(2)緩和した基準によるサービス（訪問型サービスＡ、通所型サービスＡ）

　指定事業者によるサービス提供については、要支援者等が個別のサービスを受け、その利用状況に応じて対価を支払う。サービス単価については厚生労働省令により、市町村においてサービス内容や時間、基準等を踏まえて、予防給付の単価を下回る額をサービス単価として定める。単価は、月当たりの包括単価、利用１回ごとの出来高のいずれも可能である。

(3)その他の訪問型サービス・通所型サービス

　前記以外のものについては、委託の場合の単価設定あるいは補助における補助単価の設定となる。委託の場合の単価は、必ずしも個々の要支援者に対する個別サービス単価の設定ではないため、市町村は利用者１人当たりに要する費用が国の定める上限単価を上回らないよう実施する。

　ただし、保健師やリハビリテーション専門職等が関与する短期集中予防サービスについては、３〜６か月等の期間を限定して医療・保健の専門職が関与するものであることから、この限りではない。また、補助（助成）の方式による事業の実施は、支援の内容に応じて市町村が適切な補助単価の設定を行う。

(4)その他の生活支援サービス

　単価は、サービス内容等に応じて市町村が定める。また、補助（助成）の方式により事業実施するものは、支援の内容に応じ、市町村が適切な補助単価の設定を行う。

(5)介護予防ケアマネジメント

　介護予防ケアマネジメントは、直接実施または委託により実施することから、サービス単価の設定は必ずしも生じない。介護予防ケアマネジメントは要支援者等の個人に対する個別のサービスであることから、委託に当たっては１件当たりの単価を設定する。その単価は、提供する内容等に応じて予防給付の報酬単価以下の単価を市町村が定める。

(6) 1単位当たりの単価設定

予防給付は、1単位10円を基本として、地域区分や人件費割合に応じてサービスごとに、10円から11.26円までの間で1単位当たりの単価が設定されている。総合事業は、市町村において、訪問型サービスについては介護給付の訪問介護の単価、通所型サービスについては介護給付の通所介護の単価を設定する。例えば、3級地ではそれぞれ10.84円、10.54円である。介護予防訪問介護等に相当するサービス以外の訪問型サービスおよび通所型サービスについては、市町村の判断により10円の単価を用いることができる。その他の生活支援サービスについては、市町村がサービスの内容に応じて設定する。そのため、例えば3級地の市町村においては1単位当たりの単価を10円、10.54円、10.66円、10.84円から選択することができる。

(7) 利用者負担（利用料）

1. 基本的な考え方

総合事業のサービスは多様化したものであり、訪問型サービス・通所型サービス・その他の生活支援サービスの利用者負担については、市町村がサービス内容や時間、基準等を踏まえて定める。住民主体のボランティアスタッフによる支援等、事業への補助の形式で実施されるものは、自主的に実施されるものであるから支援の提供主体が定めることも考えられる。

2. 現行の介護予防訪問介護等に相当するサービス

介護予防訪問介護等の相当サービスは、介護給付の利用者負担割合である原則1割、一定以上所得者は2割等を勘案して市町村が定める。ただし、下限はその給付の利用者負担割合とする。なお、介護予防支援は利用者負担がない。

指定事業者による提供されるサービスについては、予防給付と同様に高額介護サービス費相当の事業の対象とする。それ以外のサービスについては、利用料の設定に当たり、低所得者への配慮を行う。生活保護の介護扶助は、引き続き総合事業の利用者負担に対して支給される。

3. 給付管理

予防給付では、給付対象となる月の上限である区分支給限度基準額が規定されている。要支援者が総合事業を利用する場合は、訪問看護などの給

付対象サービスを利用しながら、指定事業者による総合事業サービスを利用することができることから、予防給付の区分支給限度基準額の範囲内で予防給付と総合事業を一体的に給付管理する。介護予防ケアマネジメントは、指定事業者によるサービス以外の多様なサービスの利用状況も勘案してケアプランを作成する一方で、要支援認定を受けずにチェックリスト方式で総合事業を利用する事業対象者については指定事業者のサービスを利用する場合にのみ、原則給付管理を行う。

4. 給付管理の目安

給付管理の上限額は、市町村が事業の実施要綱等で定めるものである。要支援認定を受けずにチェックリスト方式で総合事業を利用する事業対象者への給付管理を行う場合は、予防給付の要支援1の限度額が目安となる。介護予防ケアマネジメントでは、指定事業者によるサービス以外の多様なサービスの利用状況を勘案してケアプランを作成するが、退院直後で集中的にサービス利用することが自立支援につながると考えられるようなケース等の利用者の状態によっては、予防給付の要支援1の限度額を超えることも可能となる。給付管理の対象となるサービスについては、主に指定事業者によるサービスを想定している。

5. 国保連の積極的な活用

予防給付では、国保連が、地域包括支援センターが作成する給付管理票と事業者からの介護報酬の請求を突合することで支給限度額を管理している。総合事業の給付管理も、国保連による実施が可能であることから、市町村は積極的な活用を検討すべきである。国保連に給付管理を委託する場合の留意点としては、市町村ごとに定める単価およびその限度額については、単位で定めること、給付管理票やその作成等について、全国統一の様式やルールによること、給付管理の対象とするサービスに関する審査支払いを国保連に委託すること、給付管理の対象とするサービスか否かをあらかじめ分けて、国保連に審査支払いを依頼すること、市町村のサービスごとの単価を設定し、国保連に登録すること、審査・支払いのため、受給者台帳や事業者台帳を登録すること——が必要である。国保連を利用した場合の事務処理については、介護保険事務処理システム変更に係る参考資料（平成26年7

月28日事務連絡）が厚労省から出されている。

6. 給付と事業を利用している場合における国保連の活用

予防給付と指定事業者による総合事業を併せて利用する要支援者の支給限度額審査は、地域包括支援センターが要支援者の介護予防支援として行うことになる。その際は、予防給付と総合事業を併せたケアマネジメントを行う。そのため、給付管理においても、地域包括支援センターが、サービス事業で利用しているサービスも含めて、一括した給付管理票を作成し、国保連に送付し、給付管理票に基づき国保連において限度額を審査する。

参 考

介護保険最新情報 vol.355　別紙２：介護保険制度の改正事項に関する考え方
④利用料を市町村が決めるようになると、自己負担が増えたりするのではないか。
○地域で多様なサービスが提供されるようになるため、利用料は、市町村がサービスの内容に応じて設定。例えば、住民主体の生活支援サービスは、実費のみを負担してもらうことが考えられ、自己負担が今より安くなる。
○一方、予防給付から移行する既存サービスに相当するものの利用料については、介護給付における利用者負担割合等を勘案しつつ、一定の枠組みの下、市町村が設定する仕組みを検討。
※ 市町村の介護保険財政への影響を考慮し、既存サービスに相当するサービスについては、利用料は、要介護者の利用者負担割合を下回らない仕組みとすることが必要。
○国で一定の指針（ガイドライン）を策定し、市町村の取組を支援。
⑤報酬が引き下げられ、事業者の経営が厳しくなったり、サービスの質が低下するのではないか。
○今回の見直しによって、市町村は、多様なサービスを用意することとなるが、その際には、サービスの内容に応じて、人員配置・サービスの単価・利用者負担を設定。
○サービスの単価は、現在の報酬単価以下で市町村が設定することとなる。専門職が必要なサービスを行う場合には、専門職の人件費が賄える単価設定が適切であり、指針（ガイドライン）で、その旨を明記。
○既存の介護事業者は、専門性や経験を生かして、増加する要介護高齢者に対応。

---

6. 総合事業の適切かつ有効な実施を図るための必要な指針の公表

厚労省は、介護予防・日常生活支援総合事業の適切かつ有効な実施を図るため必要なガイドラインを公表する。制度上、総合事業はサービス内容、単価、自己負担割合などは市町村の判断で決めることができるが、市町村間の総合事業の内容にバラツキが生じる。予防給付サービスの利用者にとって、市町村によっては、今まで同様のサービスを受けることができないという問題が生じる。それでは混乱が生じて、円滑な移行は難しい。厚労省が指

針であるガイドラインを公表し、サービス内容、単価、自己負担割合などの基準を明確にすることで市町村間の均衡を図る。市町村はガイドラインを最低基準として、市町村は、地域の状況に応じた独自の多様なサービスを構築していく。ただし、指針はあくまでも指針であって、制度上の強制力はなく、従わない市町村があっても罰則規定はない。

── 関連条文 ──
第百十五条の四十五の二
<u>介護予防・日常生活支援総合事業の指針等　厚生労働大臣は、市町村が行う介護予防・日常生活支援総合事業に関して、その適切かつ有効な実施を図るため必要な指針を公表するものとする。</u>
※介護保険法（平成九年法律第百二十三号）（抄）（第五条関係）【公布日又は平成二十六年四月一日のいずれか遅い日・平成二十七年四月一日・平成二十七年八月一日施行】

── 参　考 ──
介護保険最新情報 vol.355　別紙2：介護保険制度の改正事項に関する考え方
<u>②既にサービスを受けている人は、事業移行後も引き続き同じサービスを受けられるのか。</u>
○今回の予防給付の見直しでは、介護事業所による従来と同じサービスもあれば、住民が担い手として積極的に参加する取組まで、多様な主体による多様なサービスを提供。
○<u>既にサービスを受けている要支援者については、その方の状態像等を踏まえ、事業移行後でも、市町村のケアマネジメントに基づき、既存サービス相当のサービスの利用が可能。</u>

---

7. 総合事業の財源

　総合事業の財源は、介護給付と同じである（**図表Ⅱ-9-12**）。国がその費用の25％を、都道府県および市町村がそれぞれ12.5％を負担する。このことによって、予防給付から総合事業に移行後も、市町村からの利用制限がないとされる。2014（平成26）年時点で市町村において実施されている地域支援事業のうち、包括的支援事業と任意事業は第1号被保険者の保険料と公費のみで構成され、その負担割合は国がその費用の39.5％を、都道府県および市町村がそれぞれ19.75％を負担することとなっている。

　予防給付においては、利用者が10万円の介護サービスを利用した場合、単純に考えた場合、市町村の負担は12,500円であるが、地域支援事業の割合に移行したとすると市町村の負担は増加して19,750円となる。総合事業に移った途端に市町村の持ち出しが増えたとすると、財政基盤の弱い市町

村は従来の予防給付時点の負担に押さえようとして利用制限を行う可能性がある。今回の制度改正においては、予防給付から総合事業に移行した後も10万円の介護サービスを利用した場合の市町村の負担は12,500円と、従来と同じであり、市町村の負担額に変わりがないので、市町村による利用制限は起きないというのがその根拠である。

【図表Ⅱ-9-12】 総合事業の財源は介護給付と同じ

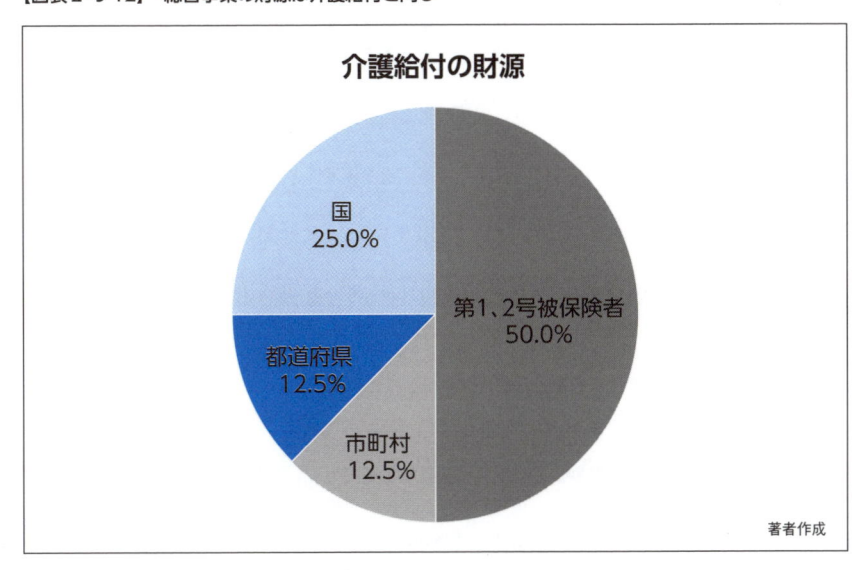

介護給付の財源

- 第1、2号被保険者 50.0%
- 国 25.0%
- 都道府県 12.5%
- 市町村 12.5%

著者作成

関連条文

第百二十二条の二

国は、政令で定めるところにより、市町村に対し、<u>介護予防・日常生活支援総合事業に要する費用の額の百分の二十に相当する額を交付する。</u>

<u>2 国は、介護保険の財政の調整を行うため、市町村に対し、介護予防・日常生活支援総合事業に要する費用の額について、第一号被保険者の年齢階級別の分布状況、第一号被保険者の所得の分布状況等を考慮して、政令で定めるところにより算定した額を交付する。</u>

<u>3 前項の規定により交付する額の総額は、各市町村の介護予防・日常生活支援総合事業に要する費用の額の総額の百分の五に相当する額とする。</u>

4 国は、政令で定めるところにより、市町村に対し、地域支援事業<u>（介護予防・日常生活支援総合事業を除く。）</u>に要する費用の額に、第百二十五条第一項の第二号被保険者負担率に百分の五十を加えた率を乗じて得た額（以下「特定地域支援事業支援額」という。）の百分の五十に相当する額を交付する。

(都道府県の負担等)
第百二十三条
3　都道府県は、政令で定めるところにより、市町村に対し、介護予防・日常生活支援総合事業に要する費用の額の百分の十二・五に相当する額を交に相当する額を交付する。
(市町村の一般会計における負担)
第百二十四条
3　市町村は、政令で定めるところにより、その一般会計において、介護予防・日常生活支援総合事業に要する費用の額の百分の十二・五に相当する額を負担する。
(市町村の特別会計への繰入れ等)
第百二十四条の二　市町村は、政令で定めるところにより、一般会計から、所得の少ない者について条例の定めるところにより行う保険料の減額賦課に基づき第一号被保険者に係る保険料につき減額した額の総額を基礎として政令で定めるところにより算定した額を介護保険に関する特別会計に繰り入れなければならない。
2　国は、政令で定めるところにより、前項の規定による繰入金の二分の一に相当する額を負担する。
3　都道府県は、政令で定めるところにより、第一項の規定による繰入金の四分の一に相当する額を負担する。
(住所地特例適用被保険者に係る地域支援事業に要する費用の負担金)
第百二十四条の三
市町村は、政令で定めるところにより、当該市町村が行う介護保険の住所地特例適用被保険者に対して、当該住所地特例適用被保険者が入所等をしている住所地特例対象施設の所在する施設所在市町村が行う地域支援事業に要する費用について、政令で定めるところにより算定した額を、地域支援事業に要する費用として負担するものとする。
（地域支援事業支援交付金)
第百二十六条
市町村の介護保険に関する特別会計において負担する費用のうち、介護予防・日常生活支援総合事業に要する費用の額に前条第一項の第二号被保険者負担率を乗じて得た額(以下この章において「介護予防・日常生活支援総合事業医療保険納付対象額」という。)については、政令で定めるところにより、支払基金が市町村に対して交付する地域支援事業支援交付金をもって充てる。
(国の補助)
第百二十七条
国は、第百二十一条、第百二十二条、第百二十二条の二及び第百二十四条の二に規定するもののほか、予算の範囲内において、介護保険事業に要する費用の一部を補助することができる。
(都道府県の補助)
第百二十八条
都道府県は、第百二十三条及び第百二十四条の二に規定するもののほか、介護保険事業に要する費用の一部を補助することができる。
※介護保険法（平成九年法律第百二十三号）（抄）（第五条関係)【公布日又は平成二十六年四月一日のいずれか遅い日・平成二十七年四月一日・平成二十七年八月一日施行】

> **― 参 考 ―**
> 介護保険最新情報 vol.355　別紙2：介護保険制度の改正事項に関する考え方
> ③市町村による準備が可能か。また、市町村ごとに格差が生じないか。
> ○新しい総合事業の財源構成は、これまでの介護予防給付と変わらず、財政力の差により取り組みに差が出ることはない。※現在、国25%、都道府県12.5%、市町村12.5%、第1号保険料21%、第2号保険料29%

8. 地域支援事業の事業費の上限

　総合事業の財源は介護給付と同じであるので、総合事業に移行後も市町村の負担割合は同じであり負担金額に変わりがない。ゆえに、市町村による利用制限は起きない。しかし、介護給付対象サービスと大きな相違がある。それは、総合事業には事業費の上限が定められており、上限を超過した場合は自治体の負担となるのだ。たとえて言えば、利用者は介護度によって月の上限である区分支給限度基準額が定められている。利用者が区分支給限度基準額を超えてサービスを利用した場合はどうなるであろうか。限度超過として全額が自己負担となるであろう。これと同じことが自治体に起こる。当然、市町村は上限を越えないように努力を怠ることができない。現在のところ、予防給付は年間5～6％の割合で年々増加しているのに対して、総合事業の上限は後期高齢者である75歳以上の高齢者の伸び率4％程度に押さえるとしている。ただし、2015（平成27）年度～2017（平成29）年度の移行期は10％上乗せの特例を設ける。

　その計算式は下記の通りである。

■基本的な考え方

　予防給付から総合事業に移行するサービスに要する費用がまかなえるように、従前の費用実績を勘案した上限を設定する。具体的には、以下の計算式を基本とする。

　　　総合事業の上限＝【①当該市町村の事業開始の前年度の〔予防給付（介護予防訪問介護、介護予防通所介護、介護予防支援）＋介護予防事業〕の総額[注1]×②当該市町村の75歳以上高齢者の伸び[注2]】

　2015（平成27）年度から2017（平成29）年度までは、予防給付サービスも提供されるため、

総合事業の上限＝【①当該市町村の事業開始の前年度の〔予防給付（介護予防訪問介護、介護予防通所介護、介護予防支援）＋介護予防事業〕の総額[注1]×②当該市町村の75歳以上高齢者の伸び[注2]】－当該年度の予防給付（介護予防訪問介護、介護予防通所介護、介護予防支援）の総額

図表Ⅱ-9-13は、ここ数年の予防給付の伸び率5.6％と、75歳以上高齢者の伸び率3.7％を仮定上の基準として、2025年から2035年の推移をグラフにしたものである。この前提条件で試算した場合、2025年度：800億円、2030年度：1,500億円、2035年度：2,600億円の給付費の削減となる。この金額は累計額ではなく、単年での削減額である。

これだけの削減を市町村が実施する方法は、基本的には介護事業者の提

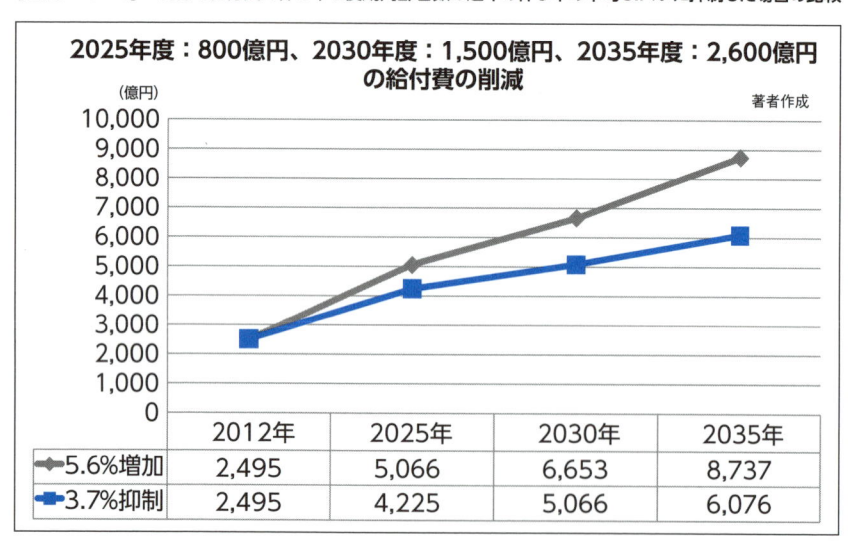

【図表Ⅱ-9-13】 現行の給付費の伸び率と後期高齢者数の近年の伸び率の平均3.7％に抑制した場合の比較

2025年度：800億円、2030年度：1,500億円、2035年度：2,600億円の給付費の削減

（億円）	2012年	2025年	2030年	2035年
◆5.6％増加	2,495	5,066	6,653	8,737
■3.7％抑制	2,495	4,225	5,066	6,076

著者作成

注1） 計算式の①部分について：総合事業への移行前年度の費用とし、それぞれの市町村の「実績額（見込値）」とする。
注2） 計算式の②部分について：総合事業への移行後は、年度ごとに75歳以上高齢者の伸び率を乗じて上限管理をしていくこととする。当該伸び率については、年度ごとに変動があるため、平均値として直近3か年平均の伸び率等を用いる。

供する専門的サービスは、介護給付から引き続き利用する要支援者に限定することで、専門的なサービスの新規利用者の増加を極力抑えることである。

　今後、チェックリストで簡易的に利用者となる者については、専門的なサービスを極力利用せず、緩和した基準によるサービス（訪問型サービスＡ、通所型サービスＡ）以下の多様なサービスを中心に利用を促進するとともに、定期的なモニタリングの役割にもなる専門的サービスの利用の必要性のチェック、すなわち事業者が提供する専門的サービスする利用者に対しても、ボランティアスタッフ等が提供する多様なサービスの利用に移行はできないかなどを常に検討することである。

　なお、自治体において上限を超えた場合は、基本的に自治体の全額負担となるが、事業実施後、結果として上限を超えた場合について、一定の特殊事情を勘案して認められる場合がある。その一例として、病気などの大流行、災害の発生などの避けられない事情によって要支援者等が急増した場合、多様なサービスへの移行促進を図る等費用の効率化に向け政策努力したが、結果として上限以上となった場合、また、その後住民主体の取り組み等が確実に促進され費用の伸びが低減していく見込みである場合、総合事業開始当初、総合事業への移行に伴うやむを得ない事情により、費用の伸び率が高くなった場合──などがある。

参　考

6月11日参議院厚生労働委員会老健局資料および全国介護保険担当課長会議資料（2014年7月28日）
<u>専門的なサービスのサービス量については、多くとも現状維持であり、基本的には一定程度減っていくことが考えられ、変動幅については、様々な仮定が考えられる。</u>
<u>（注1）仮に、専門的サービスのサービス量を現状維持として、今後サービス量が増える分（過去の要支援認定者の伸び率（7％程度）で伸びると仮定）を多様なサービスとして計算した場合、2025年の専門的サービスと多様なサービスは、それぞれ5割程度と計算される。</u>

　市町村としては、これまで介護事業者が行ってきた予防介護サービスを専門的なサービスと多様なサービスに仕分けして、介護事業者には専門的なサービスを、ボランティアスタッフやＮＰＯ法人などの多様な主体によって多様なサービスを提供する、および介護事業者による専門的なサービスの利

用の増加を極力抑えることが、今後の継続的な市町村の施策のなかで求められる。

介護事業者が実施する専門的なサービスを現状維持の給付総額で押さえることで、毎年の自然増のサービス利用者の多様なサービスへの利用促進を実施した場合、10年後の2025年には専門的なサービスと多様なサービスの割合が各々5割にあると推測されているのである。予防介護サービス事業者にとっては、予防給付に依存した事業の拡大の余地がなくなることを示す。市場の成長がない領域は衰退するしかない。今後は、一層、要介護認定者、特に重度の要介護認定者中心の事業展開にシフトすることが急務といえる。

総合事業への移行時点で介護給付のサービスをすでに利用していて、専門的サービスの利用継続が必要とケアマネジメントにおいて認められる場合は、従来の介護予防介護相当のサービスの利用とされる。総合事業への移行後に新しく事業の利用者となる要支援者等については、ボランティアスタッフ等の住民主体による支援等の多様なサービスの利用を促していく。ここにおいて、新規の専門的サービスの利用が制限されることを意味する。

今後は、訪問介護員等による専門的なサービスは、主に、認知機能の低下等により日常生活に支障があるような症状や行動を伴うケース等とされ、通所介護事業者のサービスについては、主に、「多様なサービス」の利用が難しいケースや利用が不適切なケース、専門職の指導を受けながら生活機能の向上のためのトレーニングを行うことで生活機能の改善・維持が見込まれるケース等に制限されていく。

さらに、専門的なサービスの利用が開始されても、一定期間後のモニタリングに基づき、可能な限り専門的なサービスの利用からボランティアスタッフ等による住民主体の多様なサービスへの移行を常に検討され続けるのである。

問題はそれに留まらない。専門的なサービスの利用からボランティアスタッフ等による住民主体の多様なサービスへの移行を進めた場合でも、その受け手となるボランティアスタッフ等がいないことには、移行のしようもない。市町村にとっては、目標設定において、総合事業と予防給付の費用の伸び率が、中長期的に、サービスを主に利用している75歳以上の高齢者数の伸び

率程度となることを目安に努力するとされたことは、多様なサービスの担い手となるボランティアスタッフ等を定期的に募り、教育していくことが、この先終わりなく続くことを意味する（**図表Ⅱ-9-14**）。それができない場合は、利用制限が実施されると考えられる。総合事業への移行は、介護事業者にとっても市町村にとっても大変な事業であるといえる。その役割を担う新しい資格を、生活支援コーディネーターという。

【図表Ⅱ-9-14】　総合事業の上限の設定（イメージ）

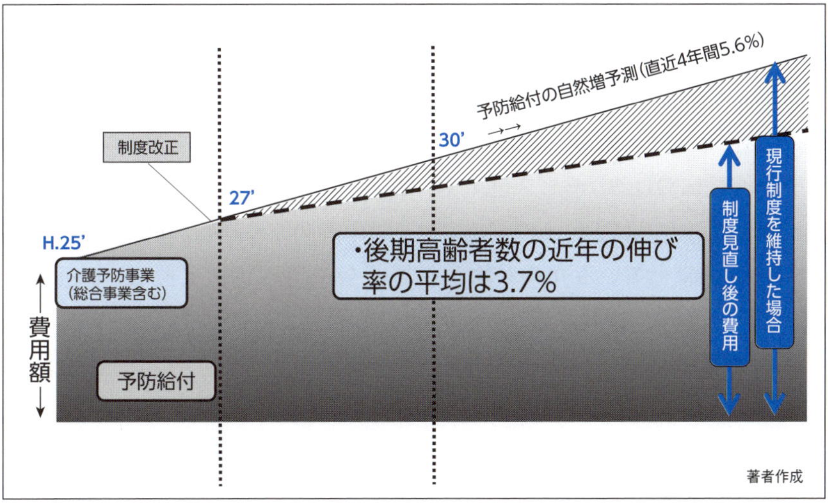

予防給付の自然増予測（直近4年間5.6％）
30'
27'
H.25'
制度改正
介護予防事業（総合事業含む）
費用額
予防給付
・後期高齢者数の近年の伸び率の平均は3.7％
制度見直し後の費用
現行制度を維持した場合
著者作成

関連条文
（地域支援事業）
第百十五条の四十五
4　地域支援事業は、当該市町村における介護予防に関する事業の実施状況、介護保険の運営の状況、<u>七十五歳以上の被保険者の数</u>その他の状況を勘案して政令で定める額の範囲内で行うものとする。

参　考
介護保険最新情報 vol.355　別紙2：介護保険制度の改正事項に関する考え方
⑥地域支援事業は、事業費に上限があり、結局、十分なサービスが提供されないのではないか。
<u>○総合事業の実施により、市町村は、既存の介護事業者も活用しつつ、住民が担い手として積極的に参加するサービスなども用意し、多様な主体による多様なサービスを拡充し、事業費を効果的かつ効率的に使用。</u>

○事業費の上限は、現行制度（原則として当該市町村の給付費の３％）も踏まえつつ、予防給付から事業に移行する分を賄えるように設定し、その後はその市町村の後期高齢者の伸び等を勘案して設定。
○仮に市町村の事業費が上限を超える場合の対応については、制度施行後の費用の状況等を見極める必要があること等を踏まえ、個別に判断する仕組みを設定。

9. 実施する事業の質の評価

　総合事業を効率的に実施していくためには、個々の事業評価と併せて、市町村による総合事業の結果等の評価・検証と次期計画期間への取り組みの反映が重要となる。総合事業の評価は、プロセス指標、アウトプット指標、アウトカム指標といった評価指標で評価する。評価結果については、市町村、地域包括支援センターをはじめとする関係者で共有することで、以降のケアプラン作成におけるサービス選定や、サービスの質の向上に活用することにもつながる。さらに、評価の実施では、関係者間での議論が重要であり、各市町村で開催している介護保険運営協議会や地域包括支援センター運営協議会等において議論することが重要である。

　総合事業は地域包括支援センターが作成するケアプランによって計画的に提供される。これはボランティアスタッフが提供する多様なサービスも同様である。介護事業者が行う専門的なサービスの利用者へは従来と同様に、アセスメント～モニタリングといったケアマネジメントプロセスに沿ったケアマネジメントが求められる。また、定期的なモニタリングにおいては、専門的なサービスでの改善結果を判定し、状態の改善の状態によって多様なサービスへの利用の移行を促進することが求められる。そして、状態が改善された高齢者をボランティアスタッフとして総合事業に参画してもらい、今後は要支援者への援助を行う側に回っていく。そのような形で、高齢者の社会参加を促進することで、元気な高齢者が生活支援の担い手として活躍し、高齢者の生きがいや介護予防にもつながる生涯現役社会が実現する。

　そのためにも、地域包括支援センターは、実施する事業の質の評価を行い、事業の質の向上に努めることが義務となる。市町村は、定期的に、地域包括支援センターの実施する事業の実施状況の点検等に努めることが義務となる。

市町村は、地域包括支援センターが設置されたとき、その他厚生労働省令で定めるときは、厚生労働省令で定めるところにより、地域包括支援センターの事業の内容及び運営状況に関する情報を公表するよう努めなければならないとされた。

関連条文

（介護予防・日常生活支援総合事業の指針等）
第百十五条の四十五の二
2　市町村は、定期的に、介護予防・日常生活支援総合事業の実施状況について、調査、分析及び評価を行うよう努めるとともに、その結果に基づき必要な措置を講ずるよう努めるものとする。
（地域包括支援センター）
第百十五条の四十六
9　市町村は、定期的に、地域包括支援センターにおける事業の実施状況について、点検を行うよう努めるとともに、必要があると認めるときは、次条第一項の方針の変更その他の必要な措置を講ずるよう努めなければならない。

参　考

全国介護保険担当課長会議資料（2014年7月28日）
○総合事業を効率的に実施していくためには、個々の事業評価と併せて、市町村による総合事業の結果等の評価・検証と次期計画期間への取組の反映が重要である。
○総合事業の評価は、プロセス指標、アウトプット指標、アウトカム指標といった評価指標で評価することが考えられる。
評価結果については、市町村、地域包括支援センターをはじめとする関係者で共有する。

---

10. 総合事業の利用とケアマネジメント

　総合事業の介護予防・生活支援サービス事業（以下、サービス事業）におけるサービス利用までの流れを、**図表Ⅱ-9-15**に示す。基本チェックリストは、地域包括支援センターが行う予防事業のような二次予防事業対象者の把握のための活用ではなく、相談窓口において、要支援認定を受けなくても、必要なサービスを総合事業で利用できるように本人の状況を確認するツールである。介護予防ケアマネジメントでは、利用者本人や家族との面接を行って、基本チェックリストの内容をアセスメントでさらに深めて、利用者の状況や希望等も踏まえて、自立支援に向けたケアプランを作成して、サービス利用につなげる流れである。

大前提として、保険者からサービスの利用を促すことはない。原則として本人が直接、役所の窓口で相談を行うことが求められる(**図表Ⅱ-9-16**)。その段階で、明らかに要介護認定に該当する場合や、サービス事業の利用に該当しないと判断できる場合を除き、基本チェックリストでの判定を行うこととなる。その結果として、サービス事業に該当した場合は、事業対象者となることができる。また、介護給付に残った予防訪問看護などのサービスを利用する場合は、要支援認定の申請を行う。サービス事業の事業対象者と認定された場合は、市町村に介護予防ケアマネジメント依頼書を提出する。市町村は、名簿に登録するとともに被保険者証を発行する。地域包括支援センターによって介護予防ケアマネジメントが実施され、予防ケアプランが作成される。予防ケアプランによってサービス事業のサービスが提供される。定期的にモニタリングが地域包括支援センターによって実施され、多様なサービスへの移行が常に検討される。給付管理は、介護予防同様に、国保連を利用して事業者による請求と給付管理が行われる。

(1) 基本チェックリスト

　総合事業のみの利用の場合は、要支援認定が不要となり、基本チェックリストによる簡易判定で利用が可能となった(**図表Ⅱ-9-17**)。改正前も地域包括支援センターが提供する予防事業の利用などで基本チェックリストが活用されていたが、総合事業における活用は、従来の利用方法とは異なる。先に述べたように、市町村または地域包括支援センターに、サービスの利用相談に来た被保険者(第1号被保険者に限る)に対して、対面で基本チェックリストを用いて審査を行う。相談を受け、基本チェックリストにより事業対象者に該当した者には、さらに介護予防ケアマネジメントを行う。要支援者に相当する状態等に該当しないケースについては、一般介護予防事業の利用等につなげていく。第2号被保険者については、がんや関節リウマチ等の特定疾病に起因して要介護状態等となることがサービスを受ける前提となるため、基本チェックリストを実施するのではなく、要介護認定等申請を行う。

(2) 今後、要支援認定者数が激減する

　基本チェックリストによる簡易判定で総合事業の利用が可能となり、こ

【図表Ⅱ-9-15】 総合事業(サービス事業)の利用の流れ

① 相談～原則、被保険者本人が直接窓口に出向く
② 基本チェックリスト／(明らかに)要介護認定等申請／(明らかに)一般介護予防
③ 介護予防・生活支援サービス事業対象者／要介護認定等申請／一般介護予防
④ 介護予防ケアマネジメント依頼書提出(対象者⇒市)
⑤ 名簿登録・被保険者証発行
⑥ 介護予防ケアマネジメント実施(アセスメント、ケアプランの作成、サービス担当者会議等)
⑦ ケアプラン交付
⑧ サービス事業利用(利用料の支払い等)
⑨ モニタリング
⑩ 給付管理票作成・国保連送付

出典：全国介護保険担当課長会議資料、2014年7月28日

【図表Ⅱ-9-16】 介護サービスの利用の手続き

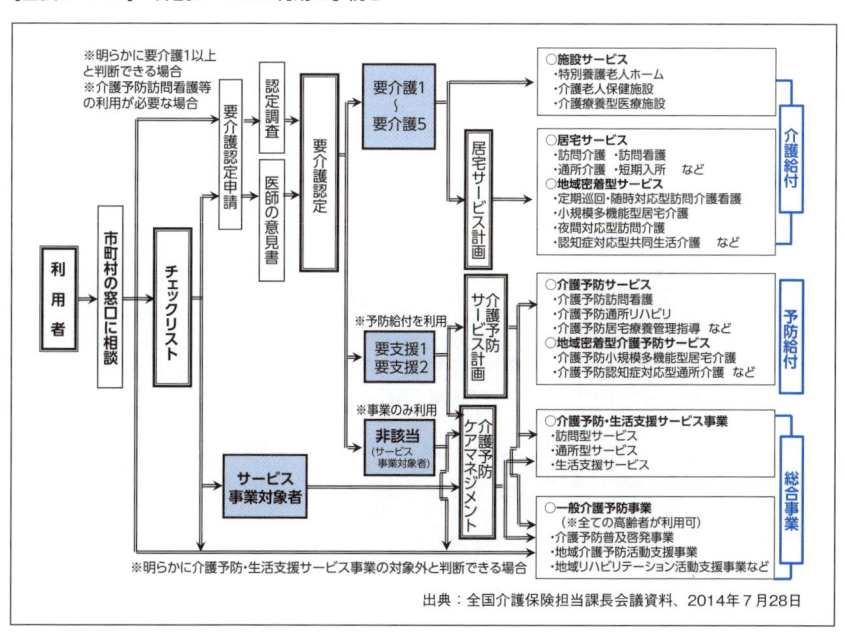

出典：全国介護保険担当課長会議資料、2014年7月28日

【図表Ⅱ-9-17】 基本チェックリスト

基本チェックリスト様式例				記入日：平成　　年　　月　　日（　　）		
氏名		住　所			生年月日	
希望するサービス内容						
No.	質問項目				回答：いずれかに○をお付けください	
1	バスや電車で1人で外出していますか				0.はい	1.いいえ
2	日用品の買い物をしていますか				0.はい	1.いいえ
3	預貯金の出し入れをしていますか				0.はい	1.いいえ
4	友人の家を訪ねていますか				0.はい	1.いいえ
5	家族や友人の相談にのっていますか				0.はい	1.いいえ
6	階段を手すりや壁をつたわらずに昇っていますか				0.はい	1.いいえ
7	椅子に座った状態から何もつかまらずに立ち上がっていますか				0.はい	1.いいえ
8	15分位続けて歩いていますか				0.はい	1.いいえ
9	この1年間に転んだことがありますか				1.はい	0.いいえ
10	転倒に対する不安は大きいですか				1.はい	0.いいえ
11	6ヶ月間で2～3kg以上の体重減少がありましたか				1.はい	0.いいえ
12	身長　　　　cm　体重　　　　kg　（BMI＝　　　　）（注）					
13	半年前に比べて固いものが食べにくくなりましたか				1.はい	0.いいえ
14	お茶や汁物等でむせることがありますか				1.はい	0.いいえ
15	口の渇きが気になりますか				1.はい	0.いいえ
16	週に1回以上は外出していますか				0.はい	1.いいえ
17	昨年と比べて外出の回数が減っていますか				1.はい	0.いいえ
18	周りの人から「いつも同じ事を聞く」などの物忘れがあると言われますか				1.はい	0.いいえ
19	自分で電話番号を調べて、電話をかけることをしていますか				0.はい	1.いいえ
20	今日が何月何日かわからない時がありますか				1.はい	0.いいえ
21	（ここ2週間）毎日の生活に充実感がない				1.はい	0.いいえ
22	（ここ2週間）これまで楽しんでやれていたことが楽しめなくなった				1.はい	0.いいえ
23	（ここ2週間）以前は楽にできていたことが今はおっくうに感じられる				1.はい	0.いいえ
24	（ここ2週間）自分が役に立つ人間だと思えない				1.はい	0.いいえ
25	（ここ2週間）わけもなく疲れたような感じがする				1.はい	0.いいえ

（注）BMI＝体重(kg)÷身長(m)÷身長(m)が18.5未満の場合に該当とする

事業対象者に該当する基準

①	No.1～20までの20項目のうち10項目以上に該当	（複数の項目に支障）
②	No.6～10までの5項目のうち3項目以上に該当	（運動機能の低下）
③	No.11～12の2項目のすべてに該当	（低栄養状態）
④	No.13～15までの3項目のうち2項目以上に該当	（口腔機能の低下）
⑤	No.16～17の2項目のうちNo.16に該当	（閉じこもり）
⑥	No.18～20までの3項目のうちいずれか1項目以上に該当	（認知機能の低下）
⑦	No.21～25までの5項目のうち2項目以上に該当	（うつ病の可能性）

基本チェックリストについての考え方

【共通事項】
① 対象者には、各質問項目の趣旨を理解していただいた上で回答してもらってください。それが適当な回答であるかどうかの判断は、基本チェックリストを評価する者が行ってください。
② 期間を定めていない質問項目については、現在の状況について回答してもらってください。
③ 習慣を問う質問項目については、頻度も含め、本人の判断に基づき回答してもらってください。
④ 各質問項目の趣旨は以下のとおりです。各質問項目の表現は変えないでください。

	質問項目	質問項目の趣旨
1～5の質問項目は、日常生活関連動作について尋ねています。		
1	バスや電車で1人で外出していますか	家族等の付き添いなしで、1人でバスや電車を利用して外出しているかどうかを尋ねています。バスや電車のないところでは、それに準じた公共交通機関に置き換えて回答してください。なお、1人で自家用車を運転して外出している場合も含まれます。
2	日用品の買い物をしていますか	自ら外出し、何らかの日用品の買い物を適切に行っているかどうか（例えば、必要な物品を購入しているか）を尋ねています。頻度は、本人の判断に基づき回答してください。電話での注文のみで済ませている場合は「いいえ」となります。
3	預貯金の出し入れをしていますか	自ら預貯金の出し入れをしているかどうかを尋ねています。銀行等での窓口手続きも含め、本人の判断により金銭管理を行っている場合に「はい」とします。家族等に依頼して、預貯金の出し入れをしている場合は「いいえ」となります。
4	友人の家を訪ねていますか	友人の家を訪ねているかどうかを尋ねています。電話による交流や家族・親戚の家への訪問は含みません。
5	家族や友人の相談にのっていますか	家族や友人の相談にのっているかどうかを尋ねています。面談せずに電話のみで相談に応じている場合も「はい」とします。
6～10の質問項目は、運動器の機能について尋ねています。		
6	階段を手すりや壁をつたわらずに昇っていますか	階段を手すりや壁をつたわらずに昇っているかどうかを尋ねています。時々、手すり等を使用している程度であれば「はい」とします。手すり等を使わずに階段を昇る能力があっても、習慣的に手すり等を使っている場合には「いいえ」となります。
7	椅子に座った状態から何もつかまらずに立ち上がっていますか	椅子に座った状態から何もつかまらずに立ち上がっているかどうかを尋ねています。時々、つかまっている程度であれば「はい」とします。
8	15分位続けて歩いていますか	15分位続けて歩いているかどうかを尋ねています。屋内、屋外等の場所は問いません。
9	この1年間に転んだことがありますか	この1年間に「転倒」の事実があるかどうかを尋ねています。
10	転倒に対する不安は大きいですか	現在、転倒に対する不安が大きいかどうかを、本人の主観に基づき回答してください。
11・12の質問項目は、低栄養状態かどうかについて尋ねています。		
11	6ヵ月で2～3kg以上の体重減	6ヵ月間で2～3kg以上の体重減少があったかどうかを尋ねてい

	少がありましたか	ます。6ヵ月以上かかって減少している場合は「いいえ」となります。
12	身長、体重	身長、体重は、整数で記載してください。体重は1カ月以内の値を、身長は過去の測定値を記載して差し支えありません。
13～15の質問項目は、口腔機能について尋ねています。		
13	半年前に比べて固いものが食べにくくなりましたか	半年前に比べて固いものが食べにくくなったかどうかを尋ねています。半年以上前から固いものが食べにくく、その状態に変化が生じていない場合は「いいえ」となります。
14	お茶や汁物等でむせることがありますか	お茶や汁物等を飲む時に、むせることがあるかどうかを、本人の主観に基づき回答してください。
15	口の渇きが気になりますか	口の中の渇きが気になるかどうかを、本人の主観に基づき回答してください。
16・17の質問項目は、閉じこもりについて尋ねています。		
16	週に1回以上は外出していますか	週によって外出頻度が異なる場合は、過去1ヵ月の状態を平均してください。
17	昨年と比べて外出の回数が減っていますか	昨年の外出回数と比べて、今年の外出回数が減少傾向にある場合は「はい」となります。
18～20の質問項目は認知症について尋ねています。		
18	周りの人から「いつも同じ事を聞く」などの物忘れがあると言われますか	本人は物忘れがあると思っていても、周りの人から指摘されることがない場合は「いいえ」となります。
19	自分で電話番号を調べて、電話をかけることをしていますか	何らかの方法で、自ら電話番号を調べて、電話をかけているかどうかを尋ねています。誰かに電話番号を尋ねて電話をかける場合や、誰かにダイヤルをしてもらい会話だけする場合には「いいえ」となります。
20	今日が何月何日かわからない時がありますか	今日が何月何日かわからない時があるかどうかを、本人の主観に基づき回答してください。月と日の一方しか分からない場合には「はい」となります。
21～25の質問項目は、うつについて尋ねています。		
21	（ここ2週間）毎日の生活に充実感がない	ここ2週間の状況を、本人の主観に基づき回答してください。
22	（ここ2週間）これまで楽しんでやれていたことが楽しめなくなった	
23	（ここ2週間）以前は楽に出来ていたことが今ではおっくうに感じられる	
24	（ここ2週間）自分が役に立つ人間だと思えない	
25	（ここ2週間）わけもなく疲れたような感じがする	

出典：厚生労働省

れまでは認定結果が出るまで数か月を要していた利用までの期間が大幅に短縮されるであろうことは想像に難くない。しかし、その結果として、今後、要支援認定者数が激減することにつながる。要支援認定を受けている利用者のうち、年数が経過するうちに要支援者から要介護者になることで要支援認定者数は自然減する。今後、新規の利用者の要支援認定が必要なく、基本チェックリストだけで済むこととなると、要支援認定を受ける利用者は激減することは明らかである。結果として、要支援認定者数は年々、減少の一途を辿ることになる。そして、介護給付に残された予防訪問看護などの利用者も年々減少することにつながるのである。予防給付から外れた予防訪問介護と予防通所介護も新規利用者が多様なサービスに向けられることで利用者数は減少していくが、介護給付に残されたサービスも結果として利用者数は減少していく（**図表Ⅱ-9-18**）。

(3)介護予防手帳

セルフマネジメントの推進のため、本人の介護予防に関する情報が集約されたものとして、「介護予防手帳（仮称）」を作成し、被保険者証への記載事項の代用とすることも可能となる。介護予防手帳は、母子保健において活

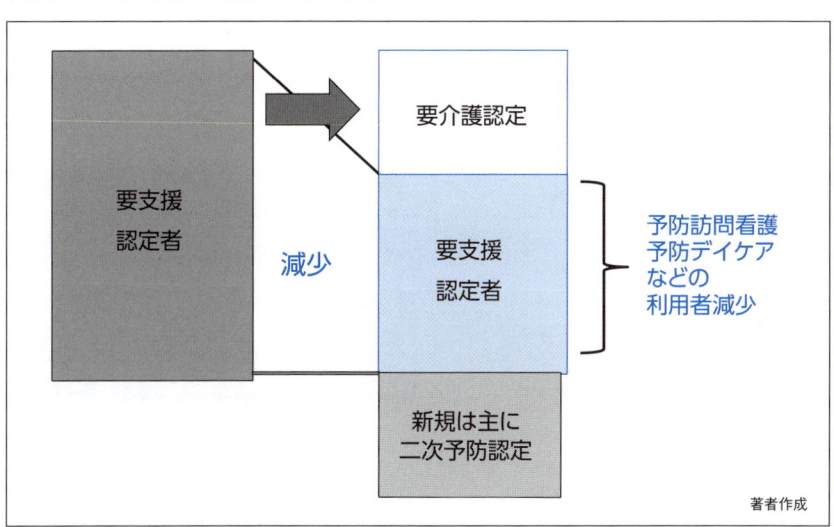

【図表Ⅱ-9-18】　今後、要支援認定者数が激減する

著者作成

用されてきた「母子健康手帳」の概念を総合事業に活用したものである。異なる場所で、異なる時期に、異なる専門職が介護予防サービスを行う場合でも、これまでの記録を参照するなどして、継続性・一貫性のあるケアを提供できるメリットがある。

　介護予防手帳の内容は以下の内容とされる。
○名称：各市町村で命名して差し支えない。
○用途：生活機能の状況や、介護予防ケアプランの内容等をファイリングし、本人に携行させる媒体として、介護予防手帳を活用するものとする。
○交付対象者：特定高齢者及びその他希望する者
○大きさ：Ａ４判を標準とする。
○形態：二穴ファイルを標準とする。
○ファイリングする書類の例：
　　①基本チェックリスト、②健康診査等の結果票、③医療機関から提供された診療情報、④利用者基本情報、⑤介護予防サービス・支援計画書、⑥介護予防サービス・支援評価表、⑦事業者による事前・事後アセ

【図表Ⅱ-9-19】　具体的な介護予防ケアマネジメント（アセスメント、ケアプラン等）の考え方

①原則的な介護予防ケアマネジメントのプロセス(ケアマネジメントA)	
・介護予防・生活支援サービス事業の指定を受けた事業所のサービスを利用する場合 ・訪問型サービスC、通所型サービスCを利用する場合 ・その他地域包括支援センターが必要と判断した場合	アセスメント →ケアプラン原案作成 →サービス担当者会議 →利用者への説明・同意 →ケアプランの確定・交付（利用者・サービス提供者へ） →サービス利用開始 →モニタリング（給付管理）
②簡略化した介護予防ケアマネジメントのプロセス(ケアマネジメントB)	
・①又は③以外のケースで、ケアマネジメントの過程で判断した場合（指定事業所以外の多様なサービスを利用する場合等）	アセスメント →ケアプラン原案作成 (→サービス担当者会議) →利用者への説明・同意 →ケアプランの確定・交付（利用者・サービス提供者へ） →サービス利用開始 →モニタリング（適宜）
③初回のみの介護予防ケアマネジメントのプロセス(ケアマネジメントC)	
・ケアマネジメントの結果、補助や助成のサービス利用や配食などその他の生活支援サービスの利用につなげる場合 （※必要に応じ、その後の状況把握を実施）	アセスメント (→ケアマネジメント結果案作成) →利用者への説明・同意 →利用するサービス提供者等への説明・送付 →サービス利用開始

※（　）内は、必要に応じて実施

「興味・関心チェックシート」、「課題整理総括表」、「評価表」、「アセスメント地域個別ケア会議総合記録票（モデル事業様式）」等について、積極的に活用することが望ましい。

出典：全国介護保険担当課長会議資料、2014年7月28日

スメントの結果票、⑧介護予防に関する啓発資料(各プログラムの内容、地域のサービス資源、相談窓口のリスト等)、⑨その他、介護予防に関する書類

(4)介護予防ケアマネジメント

　介護予防ケアマネジメントは、介護予防支援と同様、地域包括支援センターが要支援者等に対するアセスメントを行い、その状態や置かれている環境等に応じて、本人が自立した生活を送ることができるようケアプランを作成するものである。訪問型サービスC、通所型サービスCは、短期間(3～6か月程度)に保健・医療の専門職が支援を行い、一般介護予防事業による支援につなげていくことが求められる。定期的なモニタリングにより、自立支援、介護予防にサービスがつながっているかどうかの点検・評価を共有し、住民主体の支援等、要支援者等の状態等にふさわしい支援にできる限りつなげていくことが重要とされる(図表Ⅱ-9-19、Ⅱ-9-20)。

【図表Ⅱ-9-20】 サービス事業のみ利用の場合のケアマネジメント費(サービス提供開始の翌月から3か月を1クールとしたときの考え方)

ケアマネジメントプロセス	ケアプラン	利用するサービス		サービス提供開始月	2月目(翌月)	3月目(翌々月)	4月目(3ヶ月後)
原則的なケアマネジメント	作成あり	指定事業者のサービス	サービス担当者会議	○	×	×	○
			モニタリング等	―(※1)	○(※1)	○(※1)	○(面接による)(※1)
			報酬	基本報酬+初回加算(※2)	基本報酬	基本報酬	基本報酬
		訪問型C・通所型Cサービス	サービス担当者会議	○	×	×	○
			モニタリング等	―	○	○	○
			報酬	基本報酬+初回加算	基本報酬	基本報酬	基本報酬
簡略化したケアマネジメント		その他(委託・補助)のサービス	サービス担当者会議	△(必要時実施)	×	×	×
			モニタリング等	―	×	×	△(必要時実施)
			報酬	(基本報酬-X-Y)+初回加算(※3)	基本報酬-X-Y	基本報酬-X-Y	基本報酬-X-Y
初回のみのケアマネジメント	作成なし(ケアマネジメント結果の通知)	その他(委託・補助)のサービス	サービス担当者会議	×	×	×	×
			モニタリング等	―	×	×	×
			報酬	(基本報酬+初回加算)を踏まえた単価(※4)	×	×	×
		一般介護予防・民間事業のみ	サービス担当者会議	×	×	×	×
			モニタリング等	―	×	×	×
			報酬	(基本報酬+初回加算)を踏まえた単価(※4)	×	×	×

(※1) 指定事業者のサービスを利用する場合には、給付管理票の作成が必要
(※2) 基本報酬:予防給付の単価を踏まえた単価を設定
(※3) X:サービス担当者会議実施分相当単位、Y:モニタリング実施分相当単位
(※4) 2月目以降は、ケアマネジメント費の支払いが発生しないことを考えて、原則的なケアマネジメントの報酬単価を踏まえた単価

出典:全国介護保険担当課長会議資料、2014年7月28日

11. 生活支援サービスコーディネーターと協議体

(1) 生活支援サービスの充実と生涯現役社会の構築

　単身世帯等が増加し、支援を必要とする軽度の高齢者が増加するなかで、生活支援の必要性が増加している。これからの超高齢社会においては、ボランティア、ＮＰＯ、民間企業、協同組合などの多様な主体が生活支援サービスを提供することが必要となる。また、高齢者の介護予防が求められているが、社会参加・社会的役割をもつことが生きがいや介護予防につながることは承知の通りである。生涯現役社会の構築である。そのため、多様な生活支援サービスが利用できるような地域づくりを市町村が支援することについて、制度的な位置づけの強化を図ることとなる。具体的には、生活支援サービスの充実に向けて、ボランティア等の生活支援の担い手の養成・発掘等の地域資源の開発やそのネットワーク化などを行う「生活支援サービスコーディネーター」の配置などについて、介護保険法の地域支援事業に位置づけている。

(2) 生活支援サービスコーディネーター

　高齢者の生活支援・介護予防サービスの体制整備を推進していくことを目的として、地域において、生活支援・介護予防サービスの提供体制の構築に向けたコーディネート機能を果たす者をいう。

　その目的と役割は、市町村が定める活動区域ごとに置かれ、地域包括支援センターとの連携を前提として活動する。配置人数等は特に限定せず、地域の実情に応じた多様な配置を可能とする。コーディネーターの資格・要件としては、地域における助け合いや生活支援サービスの提供実績のある者、中間支援を行う団体等であって、地域でコーディネート機能を適切に担うことができる者などが望ましいとされている。特定の資格要件は定めない。国や都道府県が実施する研修を修了した者が望ましいとされる。生活支援サービスコーディネーターのコーディネート機能はＡ～Ｃの機能があるが、当面ＡとＢの機能を中心に充実させる。

（Ａ）資源開発
　　○地域に不足するサービスの創出

○サービスの担い手の養成
　　　○元気な高齢者などが担い手として活動する場の確保　など
（B）ネットワーク構築
　　　○関係者間の情報共有
　　　○サービス提供主体間の連携の体制づくり　など
（C）ニーズと取り組みのマッチング
　　　○地域の支援ニーズとサービス提供主体の活動をマッチング
　　　○サービス提供主体の活動ニーズと活用可能な地域資源をマッチング
　　　　など

(3) 生活支援サービスコーディネーターの育成

①コーディネーターの確保に向けた考え方

　市町村におけるコーディネーターの確保にあたっては、全国的な活動水準の確保や計画的な育成の必要性を踏まえ、国において、研修カリキュラム・テキストの開発や広域的な範囲での養成研修の実施等を通じて、市町村等の取り組みを支援する。

②コーディネーターの育成イメージ

　各主体の役割として、国は、研修カリキュラム・テキストの開発、中央研修の実施・運営を行う。都道府県は、中央研修の受講者のとりまとめ、都道府県単位の研修を実施する。市町村は、中央および都道府県研修の受講者推薦、修了者を活用したコーディネーターを配置する。研修体系としては、中央研修（2014〈平成26〉年度のみ）として、全国から受講者を集め、中央で研修を実施し、都道府県研修（2015〈平成27〉～2017〈平成29〉年度）として中央研修受講者が各都道府県の研修を実施する。研修の受講要件では、都道府県が市町村と相談して推薦および非営利全国団体等からの中央研修受講者推薦も、並行して実施するとしている。すでに地域でコーディネート業務を担っている者が受講することを想定して、資格要件等は設けない。資格は特に設けないが地域のニーズを踏まえたボランティア養成、サロンの立ち上げ等、地域資源開発の実績がる者が望ましいとされた。

③生活支援サービスコーディネーターの基盤整備

　生活支援サービスコーディネーターの基盤整備として、2014（平成26）年

度は任意事業として導入する。予算案においても先行的に取り組めるよう地域支援事業642億円のうち5億円を計上した。市区町村が配置した場合、1拠点当たり800万円の予算となる。2014年度は、1,580保険者のうち5分の1程度(約300)の市町村が実施することを想定している。生活支援サービスの充実および高齢者の社会参加に向けて、ボランティア等の生活支援・介護予防の担い手の養成・発掘など地域資源の開発や地域のニーズと地域支援のマッチングなどを行う、生活支援サービスコーディネーターの配置や協議体の設置等について、2014年度から、地域支援事業(任意事業)に位置づけて取り組みを進める。地域の多様な担い手による受け皿確保のための基盤整備を推進するとした。

(4)協議体

　市町村が主体となり、各地域におけるコーディネーターと生活支援・介護予防サービスの提供主体等が参画して、定期的な情報共有及び連携強化の場として、中核となるネットワークを「協議体」とする。協議体の目的と役割は、定期的な情報の共有・連携強化の場として設置され、多様な主体間の情報共有および連携・協働による資源開発等を推進することを目的して、市町村と第1層のコーディネーターが協力して協議体を設置する。協議体の役割は、コーディネーターの組織的な補完、地域ニーズの把握(アンケート調査やマッピング等の実施)、情報の見える化の推進、企画・立案・方針策定を行う場としての機能、地域づくりにおける意識の統一を図る場としての機能、情報交換の場としての機能、働きかけの場としての機能——である。協議体の構成団体等としては、行政機関(市町村、地域包括支援センター等)、コーディネーター、地域の関係者(ＮＰＯ、社会福祉法人、社会福祉協議会、地縁組織、協同組合、民間企業、ボランティア団体、介護サービス事業者、シルバー人材センター等)などが考えられる。

■コーディネーターと協議体によるコーディネート機能の考え方
　①地域のニーズと資源の状況の見える化、問題提起
　②地縁組織等多様な主体への協力依頼などの働きかけ
　③関係者のネットワーク化
　④目指す地域の姿・方針の共有、意識の統一

⑤生活支援の担い手の養成やサービスの開発
⑥ニーズとサービスのマッチング

第1層：市町村区域で①～⑤を中心に行う機能
第2層：中学校区域で、第1層の機能の下、①～⑥を行う機能
第3層：個々の生活支援サービスの事業主体で、利用者と提供者をマッチングする機能

(5) 協議体・コーディネーター設置の参考事例(図表Ⅱ-9-21、Ⅱ-9-22)

①地域包括支援センター型

　地域包括支援センターの3職種(保健師・社会福祉士・主任介護支援専門員)が中核となって設置した事例

②住民・行政等協働型

　行政が仕組みづくり(制度化)を実施し、住民と協働して設置した事例

③社会福祉協議会型

　社会福祉協議会が中核となり、市町村と協働して設置した事例

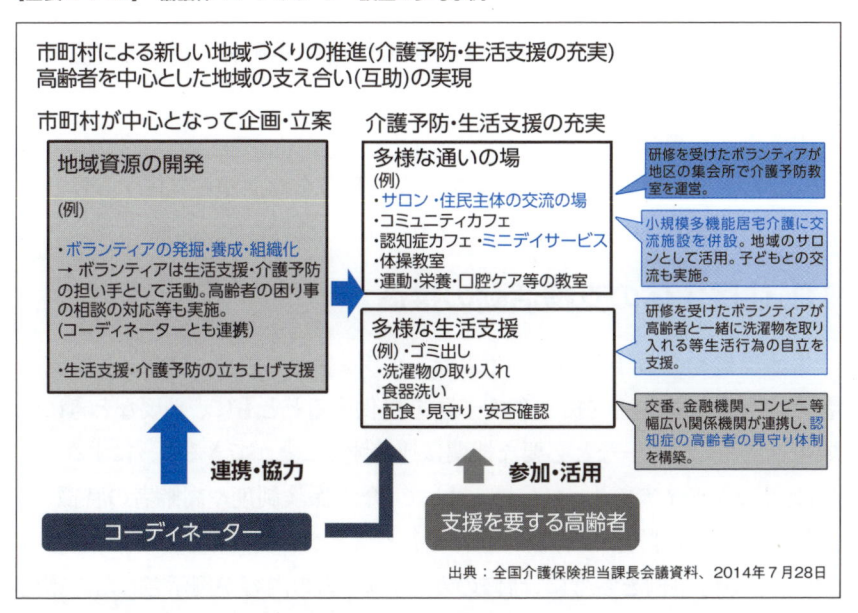

【図表Ⅱ-9-21】 協議体・コーディネーター設置の参考事例

【図表Ⅱ-9-22】「コーディネーター」および「協議体」設置・運営に係るフロー（例）

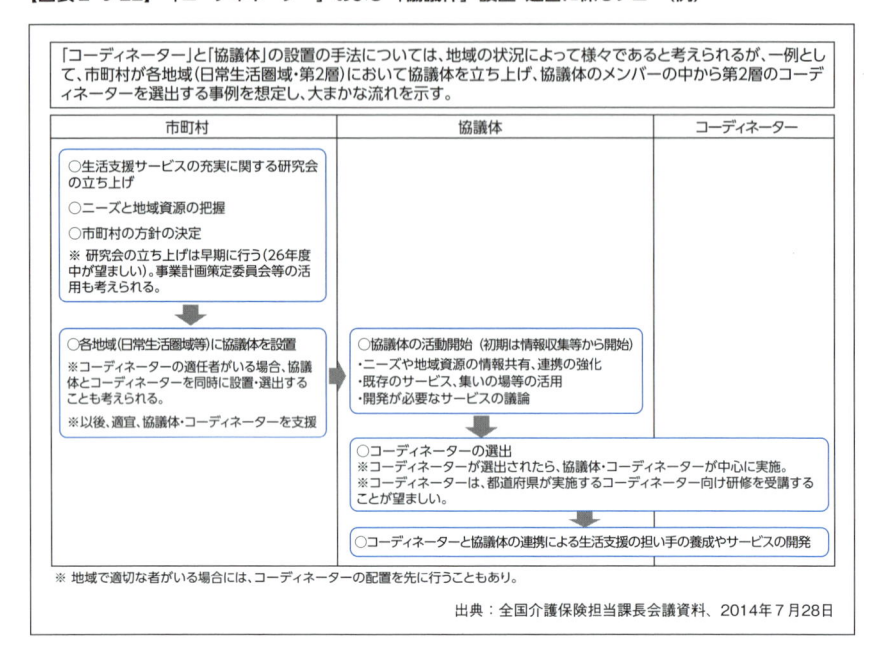

「コーディネーター」と「協議体」の設置の手法については、地域の状況によって様々であると考えられるが、一例として、市町村が各地域（日常生活圏域・第2層）において協議体を立ち上げ、協議体のメンバーの中から第2層のコーディネーターを選出する事例を想定し、大まかな流れを示す。

市町村	協議体	コーディネーター
○生活支援サービスの充実に関する研究会の立ち上げ ○ニーズと地域資源の把握 ○市町村の方針の決定 ※研究会の立ち上げは早期に行う（26年度中が望ましい）。事業計画策定委員会等の活用も考えられる。		
○各地域（日常生活圏域等）に協議体を設置 ※コーディネーターの適任者がいる場合、協議体とコーディネーターを同時に設置・選出することも考えられる。 ※以後、適宜、協議体・コーディネーターを支援	○協議体の活動開始（初期は情報収集等から開始） ・ニーズや地域資源の情報共有、連携の強化 ・既存のサービス、集いの場等の活用 ・開発が必要なサービスの議論	
	○コーディネーターの選出 ※コーディネーターが選出されたら、協議体・コーディネーターが中心に実施。 ※コーディネーターは、都道府県が実施するコーディネーター向け研修を受講することが望ましい。	
	○コーディネーターと協議体の連携による生活支援の担い手の養成やサービスの開発	

※ 地域で適切な者がいる場合には、コーディネーターの配置を先に行うこともあり。

出典：全国介護保険担当課長会議資料、2014年7月28日

④ＮＰＯ型

　テーマ型の活動を行うＮＰＯが中核となり、市町村と協働して設置した事例

⑤中間支援組織型

　自らが事業を実施せず、事業を行うＮＰＯを側面から支援するＮＰＯのような組織のはたらきかけ等により設置した事例

12. 住民主体の支援活動の推進

　生活支援や介護予防の担い手となるボランティアスタッフなどが要支援者等への適切な生活支援や介護予防を提供するとともに、必要なときに地域包括支援センターなど必要な機関に連絡することができるようにするためには、ボランティアスタッフなどに対して、介護保険制度や高齢者の特徴、緊急対応など、市町村が主体的に研修を行うことが必要である。そこで、各地域における好事例を参考に、研修のカリキュラムの内容が例示された。市町

村は、このカリキュラムを参考に、地域の実情に応じた研修を実施する。

■カリキュラムの例示
・介護保険制度、介護概論
・高齢者の特徴と対応(高齢者や家族の心理)
・介護技術
・ボランティア活動の意義
・緊急対応(困った時の対応)
・認知症の理解(認知症サポーター研修等)
・コミュニケーションの手法、訪問マナー
・訪問実習オリエンテーション

　また、市町村において、高齢者が地域のサロン、会食会、外出の補助、介護施設等の介護の実施場所等でボランティア活動を行った場合にポイントを付与する介護支援ボランティアポイントの制度を設けているところが、2013(平成25)年4月現在で209市町村ある。

　例えば、2007(平成19)年度から先駆的に取り組んでいる稲城市では、574人の登録者(2014〈平成26〉年3月31日現在)が自らの知識や能力などを生かし、レクリエーションの指導・参加支援、模擬店、会場設営、利用者の移動補助、芸能披露などの行事の手伝い、話し相手となるなどのボランティアを行った場合に、スタンプを押し、そのスタンプの数に応じて、ポイントを付与することなどを行っている。介護支援ボランティアポイントの取り組みは、地域支援事業の一般介護予防事業の枠組みが活用可能であるとされた。

　また、厚労省において、2012(平成24)年度から健康増進分野において実施している「健康寿命をのばそう!アワード」が拡充されて、2014(平成26)年度から、介護予防・高齢者生活支援分野が新設され、最優秀賞1件とともに、優秀賞(老健局長賞)として3件(企業1、団体1、自治体1)、さらに優良賞が企業部門、自治体部門、そして、団体部門で数件ずつ表彰されることになっている。市町村においては、このような表彰制度を活用するとともに、市町村においても独自に表彰制度や報償費等を活用した仕組みを設けるなどにより、地域における住民主体の活動を積極的に推進することが考えられる。

13. 地域ケア会議、既存資源、他施策の活用

(1) 地域ケア会議の活用

　生活支援・介護予防サービスの開発は、市町村とコーディネーターが中心となって実施することになるが、ニーズに対応するサービスすべてを新しく開発する必要はなく、すでに存在し利用できる地域資源については、その活用を図る。地域ケア会議は、個別ケースについて、多職種、住民等の地域の関係者間で検討を重ねることにより、地域の共通課題を関係者で共有し、課題解決に向け、関係者間の調整、ネットワーク化、新たな資源開発、さらには施策化を、ボトムアップで図っていく仕組みであり、生活支援・介護予防サービスの充実を図っていく上で、コーディネーターや協議体の仕組みと連携しながら、積極的に活用を図っていくことが望ましい。

(2) 既存資源の活用

　生活支援・介護予防サービスの開発の際、活用可能な資源として、以下のような例が挙げられる。なお、過去に一般財源化された生活支援等については、地域支援事業で実施できない。

■既存資源の例

(1)　ＮＰＯ、協同組合、ボランティア団体等の非営利組織
　　生協、農協、ＮＰＯ、ボランティアは、すでに生活支援の活動を実施しており、資源開発の前に地域の資源を確認することが重要。

(2)　民生委員、老人クラブ、自治会、まちづくり協議会、商工会、シルバー人材センター、食生活改善推進員等地縁組織等、地域に根ざした様々な組織、マンパワーを用途に合わせて活用を図ることが重要。

(3)　社会福祉協議会（地域福祉コーディネーター、地区社協）
　　ソーシャルワークの専門職の視点から、すでに地域で互助の活動推進を行っている地域福祉コーディネーターとの協力や地縁組織としての地区社協との連携により、社会基盤を有効に活用することが重要。

(4)　特別養護老人ホーム、介護老人保健施設、小規模多機能型居宅介護等
　　既存施設の地域交流スペース等の活用をはじめ、地域にある高齢者施設等の資源を有効活用することにより、相互の理解が深まり地域の生活

支援に資することからこれらの取り組みを推進することが重要。社会福祉法人については、その地域貢献の一つとしても、地域に対する生活支援・介護予防サービスの提供が求められる。

(5) 地域包括支援センターの専門職、保健センターの保健師等の専門職
　　生活支援を充実していくなかで生じる各種問題について、専門分野の知見を有するものについては、地域包括支援センター等の専門職に適宜相談、支援要請を行い、専門的な知見を取り入れた活動を行うことが重要。

(6) 民間企業主体の取り組み（社会貢献活動、市場ベースで提供する生活支援）
　　民間企業の社会貢献の取り組みを地域に呼び込み、また、情報提供等により市場によるサービスの利用も促進する。

(7) その他、他施策として取り組まれている生活支援の体制整備に活用可能な各種資源
　　総務省の地域おこし、ICT活用、法務省の法テラスにおける司法ソーシャルワーク、農林水産省の介護食品普及支援、国土交通省の街づくり支援等の他施策を適宜活用することが重要。

第Ⅲ編

介護保険法外の動向

第1章 地域包括ケアと日本再興戦略

1. 地域包括ケアの推進

　2011（平成23）年後半に私が講師を務めさせていただいたセミナーでは、話が進行していくなかで苦笑いされる参加者の顔をどこの会場でも見てとれた。2012（平成24）年介護保険法改正をテーマにした講演でのことである。その苦笑いをされる説明箇所は、決まって地域包括ケアと新設される定期巡回・随時対応型訪問介護看護の部分であった。その苦笑いの正体は、「そんなもの、上手くいくわけない」という意味であったと思う。これは当時の一般的な傾向でもあった。

　それから3年後の今回の介護保険制度改正では、地域包括ケアの概念なくして語れないほどの制度の中核となり、医療と介護の境目のない連携も急加速で進んでいる。社会保障審議会や国会の審議についても、地域包括ケアの概念を基本として議論が進み、行政全体が地域包括ケアの実現に向けて一致団結している状態である（**図表Ⅲ-1-1、Ⅲ-1-2**）。この後で解説する非営利ホールディングカンパニー型法人などがその先進的な一例である。また、地域包括ケアの5要素である、住まい・医療・介護・予防・生活援助のうち、2011年10月21日の高齢者住まい法の改正で創設された、住まいの要であるサービス付き高齢者向け住宅の整備も民間資本の手によって急加速で進められている。2014（平成26）年7月時点で、154,292戸、4,794棟である（**図表Ⅲ-1-3-①～③**）。

【図表Ⅲ-1-1】 医療・介護提供体制の現状と将来像

個々の役割分担から地域全体での地域包括ケアへの移行
この場合、地方分権の役割が進み、市町村が独自に運営する

現状:病床機能の未分化、ニーズに応じた供給の不足

| 一般病床 | 療養病床 | 老健 | 特養 | 居住型施設 | 在宅 |

一般病床 → 選択と集中による重点化・集中化
療養病床・老健・特養・居住型施設・在宅 → 選択と集中、機能分化と連携・ネットワーク、居住系施設・在宅の一層の充実

| 急性期 | 亜急性期・回復期など | 長期療養 | 老健・特養 | 居住型施設 | 在宅 |

境目のないトータルケア。医療と介護の連携

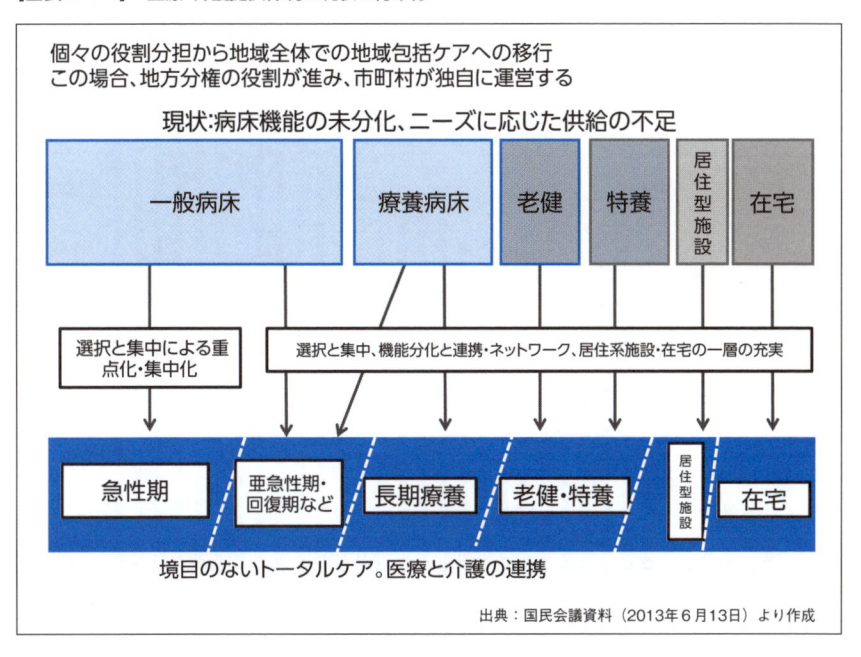

出典:国民会議資料(2013年6月13日)より作成

【図表Ⅲ-1-2】 在宅医療・介護連携推進事業
可能な市町村は2015(平成27)年4月から取り組みを開始。すべての市町村で2018(平成30)年4月から取り組みを開始

○事業の主な内容(案)
① 地域の医療・福祉資源の把握および活用
② 在宅医療・介護連携に関する会議への参加または関係者の出席の仲介
　関係者が集まる会議を開催し、地域の在宅医療・介護の課題を抽出し、解決策を検討
③ 在宅医療・介護連携に関する研修の実施
　グループワーク等の多職種参加型の研修。介護職種を対象とした医療教育に関する研修
④ 24時間365日の在宅医療・介護提供体制の構築
　主治医・副主治医による相互補完的な訪問診療の提供等の調整
⑤ 地域包括支援センター・介護支援専門員等への支援
　介護支援専門員等からの在宅医療・介護に係る総合的な問い合わせへの対応
⑥ 退院支援に資する医療・介護サービス提供施設間の連携体制を構築するための支援
⑦ 在宅医療・介護サービスに関する地域住民への普及啓発
　地域住民を対象にしたシンポジウムの開催

出典:厚生労働省の資料をもとに作成

【図表Ⅲ-1-3-①】 サービス付き高齢者向け住宅の登録状況（2014〈平成26〉年7月末時点）

出典：サービス付き高齢者向け住宅情報提供システム

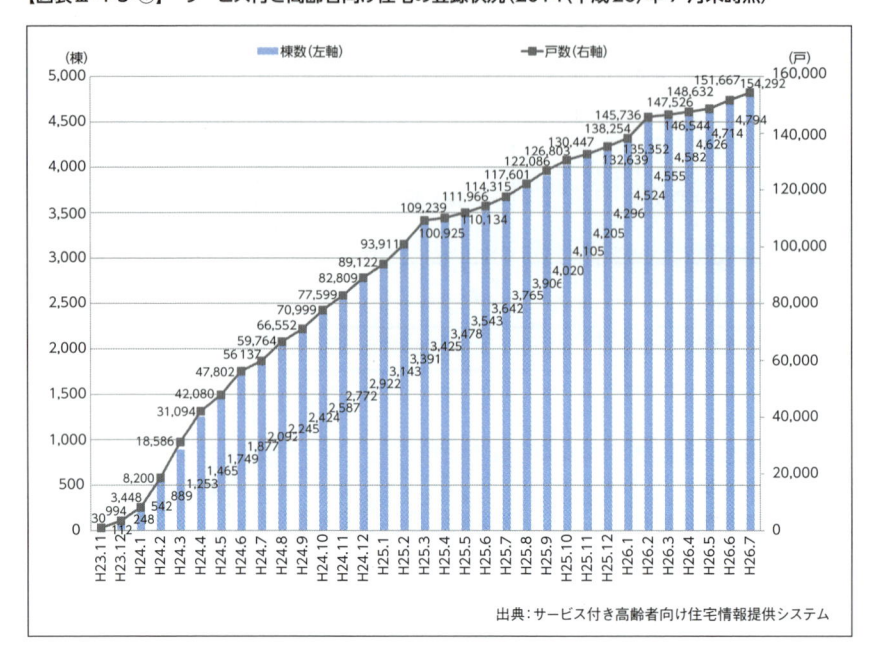

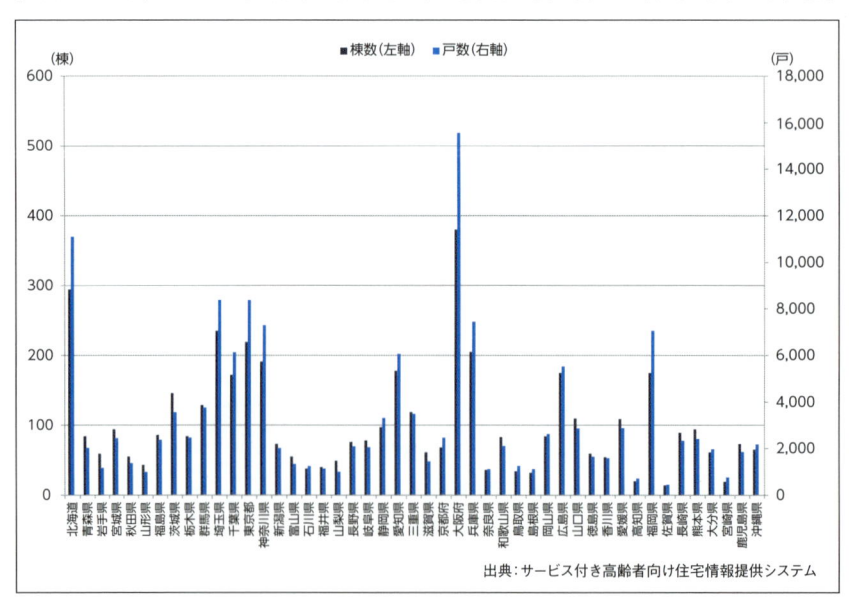

【図表Ⅲ-1-3-②】 サービス付き高齢者向け住宅の都道府県別登録状況（2014〈平成26〉年7月末時点）

出典：サービス付き高齢者向け住宅情報提供システム

【図表Ⅲ-1-3-③】 サービス付き高齢者向け住宅の都道府県別登録状況（2014〈平成26〉年7月末時点）

	棟数	戸数		棟数	戸数
北海道	294	11,096	滋賀県	61	1,438
青森県	84	2,018	京都府	68	2,454
岩手県	59	1,159	大阪府	380	15,562
宮城県	94	2,436	兵庫県	205	7,439
秋田県	55	1,364	奈良県	36	1,109
山形県	43	989	和歌山県	83	2,100
福島県	86	2,365	鳥取県	34	1,249
茨城県	146	3,562	島根県	32	1,113
栃木県	84	2,455	岡山県	84	2,616
群馬県	129	3,757	広島県	175	5,526
埼玉県	235	8,370	山口県	110	2,852
千葉県	172	6,127	徳島県	59	1,641
東京都	219	8,360	香川県	54	1,582
神奈川県	191	7,289	愛媛県	109	2,866
新潟県	73	2,005	高知県	20	709
富山県	55	1,330	福岡県	175	7,055
石川県	38	1,241	佐賀県	14	448
福井県	40	1,134	長崎県	89	2,330
山梨県	49	997	熊本県	94	2,406
長野県	76	2,086	大分県	61	1,964
岐阜県	78	2,047	宮崎県	19	755
静岡県	97	3,315	鹿児島県	73	1,850
愛知県	178	6,061	沖縄県	65	2,172
三重県	119	3,493	合計	4,794	154,292

出典：サービス付き高齢者向け住宅情報提供システム

2．日本再興戦略

「『日本再興戦略』改訂 2014―未来への挑戦―」は、成長戦略の一環として2014（平成26）年6月24日に閣議決定された。そのなかで注目すべきは、健康産業の活性化と質の高いヘルスケアサービスの提供、医療・介護等を一体的に提供する非営利ホールディングカンパニー型法人制度（仮称）の創設、公的保険外のサービス産業の活性化、若者・高齢者等の活躍推進といった項目である（非営利ホールディングカンパニー型法人制度については後述）。まず、若者・高齢者等の活躍推進である。

「誰もが生涯現役で活躍できる社会を構築するため、65歳を過ぎても働ける企業の普及促進を行うとともに、高齢者が身近な地域や人材を必要としている他の地域での就労、ボランティアなどの社会参加活動への参加を積極的にしやすい環境を整備する」

いかがであろうか。これは、介護保険法改正の中で、市町村の総合事業の

概念そのものであろう。健康産業の活性化では、「介護サービスの質の評価に向けた仕組み作りについて、今年度末までに検討し、その結果を公表する」「介護サービスの質の評価に向けた仕組み作りについて、今年度末までに検討し、その結果を公表する」という項目に目が行く。

公的保険外のサービス産業の活性化は、「『地域ヘルスケア産業支援ファンド』を年度内に創設し、地域におけるヘルスケア産業の創出・拡大の支援を図る」「ヘルスケア産業を担う民間事業者等とのマッチング支援」「民間企業（コンビニ、飲食店等）による健康増進・生活支援・介護予防サービスの多機能拠点（総合相談、訪問・通所サービス、宅配・配食サービス、見守り等）を『街のワクワク（WAC WAC）プレイス』（仮称）として、市町村にその情報を一元的に集約して住民に提供する仕組みを来年度中に構築」。

この街のワクワクプレイス構想では、すでにローソンが同じような概念で、ケアマネジャー（介護支援専門員）をローソン店舗に配置し、高齢者の相談などに応じる介護コンビニが実際に動き出した。その他には、介護福祉士等の国家資格を取得した外国人留学生の卒業後の国内における就労を可能とするため、在留資格の拡充を含む制度設計を行う、医療法人が所有する遊休スペースを介護施設・高齢者向け住宅等の用途に使用することを目的とした賃貸事業を附帯業務として認めるなどの関連項目が並ぶ。

国の方向性として、医療・介護分野を成長分野と位置づけるのは既定路線である。今回の成長戦略で目を引くのは、介護保険外ビジネスへの期待であろう。今後は間違いなく、介護保険対象サービスはシルバービジネスのカテゴリーの一分野に取り込まれ、介護保険対象サービスと介護保険外サービスを同時並行的に取り扱うことのできる事業所が成長していく。これを混合介護という。

第2章 混合介護と高齢者市場におけるビジネスチャンスの拡大

1. 混合介護の概念の登場

　混合介護という言葉をご存じだろうか。2009(平成21)年、厚生労働省所轄公益法人であるシルバービジネス振興会の報告書に「混合介護」という見慣れない言葉があった。「訪問介護サービスにおける『混合介護』の促進に向けた調査研究事業報告書」がそれである。この時点ではほとんど注目されることはなく、その後は龍谷大学名誉教授、故・池田省三氏がその講演の中などで重要性を訴えたが普及するまでには至らなかった。

　時は流れ、2013(平成25)年度に出された厚労省関係書類に、この「混合介護」という言葉が登場し始める。2013(平成25)年11月産業競争力会議医療・介護等分科会における「今後の具体的な検討項目について」では、「混合介護の普及・促進・介護保険における『横出し』『上乗せ』サービス(混合介護)の提供が可能である旨を明確にし、一層の普及を図る」と記されている。

　2014(平成26)年5月には、財務省財政制度等審議会が提出した「財政健全化に向けた基本的考え方」において、「介護分野では、地域における保険外サービスの内容、質、料金等の情報の充実やケアプラン作成の際のその積極的な活用などにより混合介護を普及・促進させていく必要がある」と記された。この実現のために「次世代ヘルスケア産業協議会」が立ち上げられた。いかに国が社会保障制度の改革の中で、混合介護を推進しようとしているかがわかる。

2. 混合介護とは何か

　折しも、医療保険の方では混合診療が話題となっている。これまで保険

外診療を受けた場合は、医療保険が適用されずに全額を自己負担で賄うという不合理があった。混合医療とは、現行制度において医療保険と医療保険外のサービスを並行して使えるようにしていく制度改革である。もともと介護保険外サービスを併用できる仕組みの介護保険とは異なる。

　介護事業者においては、介護保険適用サービス、すなわち利用者が1割負担で利用できるサービスが本来業務であるという狭義の概念の認識が強い。その結果として介護報酬への依存体質が顕著であり、制度改正や報酬改定に一喜一憂し振り回される。介護保険制度は、利用者が1割負担で利用できる介護保険サービスだけを規定しているのではない。区分支給限度基準額は、あくまでも1か月の中で利用者が1割負担で利用できる上限単位（金額）を示しているに過ぎず、利用できるサービス量の上限を示しているのではない。区分支給限度基準額を超えた場合は、自己負担10割を支払うことで利用者の好きなサービスを好きなだけ利用できる仕組みである。これを「上乗せサービス」という。介護保険の適用対象サービス以外の関連サー

【図表Ⅲ-2-1】　混合介護の推進──上乗せサービスと横出しサービス

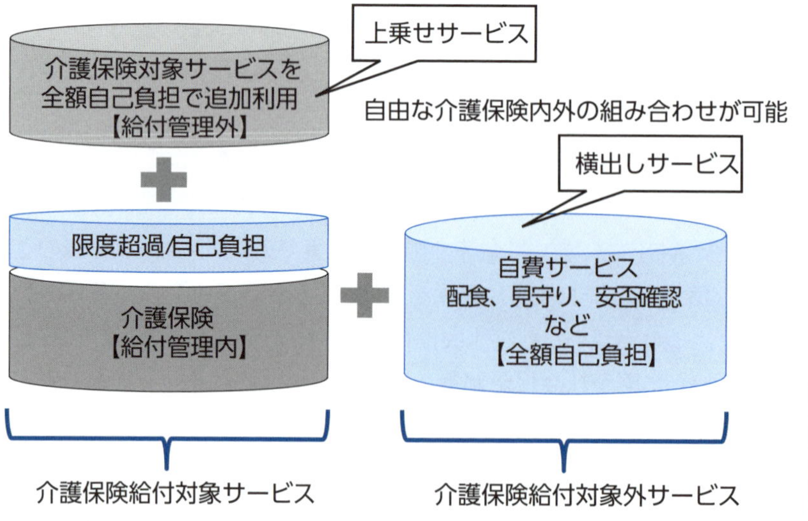

著者作成

【図表Ⅲ-2-2】 高齢期の生活課題とサービス、供給主体の概念

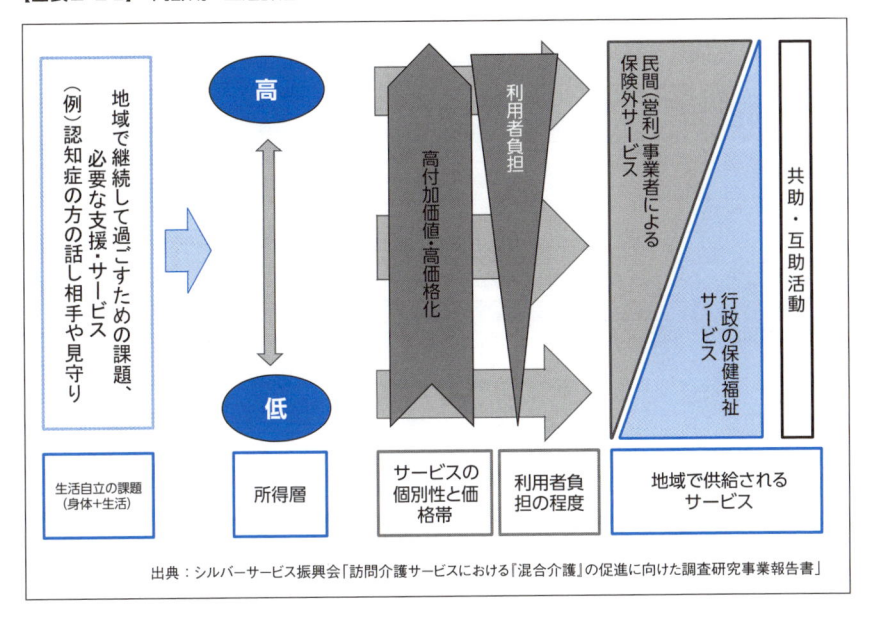

出典：シルバーサービス振興会「訪問介護サービスにおける『混合介護』の促進に向けた調査研究事業報告書」

ビスは自費サービスとして、全額を自己負担で提供することができる。これを「横出しサービス」という（**図表Ⅲ-2-1**）。

　訪問介護事業者が行う、病院への付き添いサービスや安否確認、生活援助給付の対象とならない大掃除、草木の世話、ガラスふきなどのサービス、通所介護事業者が行うお泊まりサービスや延長サービス等がこの自費サービスに当たる。介護保険対象サービスと介護保険外サービスの両方を提供する市場を「混合介護市場」と呼ぶ。この市場にあっては介護保険サービスだけでは収支が伴わなくても、利用者を囲い込み、給付対象外のサービスの提供も含めての相乗効果を得ることが可能となる（**図表Ⅲ-2-2～Ⅲ-2-4**）。

【図表Ⅲ-2-3】 今後の保険外サービス市場の方向性（中長期的）概念

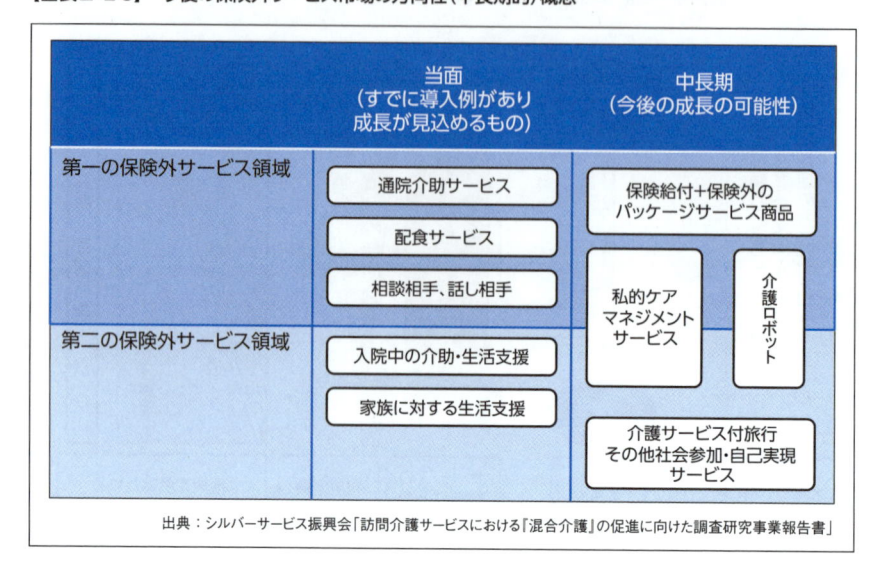

	当面 （すでに導入例があり 成長が見込めるもの）	中長期 （今後の成長の可能性）
第一の保険外サービス領域	通院介助サービス 配食サービス 相談相手、話し相手	保険給付＋保険外の パッケージサービス商品 私的ケアマネジメントサービス／介護ロボット
第二の保険外サービス領域	入院中の介助・生活支援 家族に対する生活支援	介護サービス付旅行 その他社会参加・自己実現 サービス

出典：シルバーサービス振興会「訪問介護サービスにおける『混合介護』の促進に向けた調査研究事業報告書」

【図表Ⅲ-2-4】 混合介護市場

保険給付外サービスと保険給付サービスを合わせて利用する高齢者介護市場。介護保険下では赤字であっても、利用者を囲い込み、給付対象外のサービスの提供も含めての相乗効果を得ることが可能となる。

↓

これまでは、役所とケアマネジャーの管理下にある介護保険制度の仕組み上、理解を得ること、開発とその普及は容易ではなかった。

↓

現在は、介護保険制度が重度者、短期滞在型、身体中心型へとシフトする情勢は追い風となる。
　→ 保険外サービスとしての利用の可能性が高まる

今後は、団塊の世代層が求める個別ニーズへの対応と、独居、高齢者夫婦世帯向けの生活支援サービスの開発提供。
　→ 量が著しく増加し、内容も多様化
　→ 利用者の生活パターンや性格、嗜好性等に合わせたサービスの開発

著者作成

3. 混合介護の事業展開での問題

　保険者である役所とケアマネジャー（介護支援専門員）の管理下にある介護保険制度の仕組みの中において、保険外サービスの提供についての理解を得ることは難しい。役所は、介護事業者の指導管理を行う上で、保険対象と保険外の類似サービスが業務の中で混同することを嫌う。

　例えば、サービス提供側は効率を考えて、10時から11時までは介護保険サービスとして身体介護を提供し、同じ担当者がそのまま続けて11時から12時まで介護保険外サービスとして同居家族の部屋の清掃を行うとする。このような場合、多くの役所では担当者が一旦事業所に戻ってから出直すか、別の担当者が自費サービス行うように指導してくる。これは同じ担当者が連続して行った場合、介護保険対象と対象外のサービスの境目が曖昧となることを容認せずに、行政側の指導上での明確な区切りを求めるからである。

　ケアマネジャーには、全額が利用者の自己負担となり、金銭的な負担を求める自費サービスをケアプランに位置づけることに対する抵抗が強くある。自費サービスをケアプランに位置づけることを提案してもなかなか首を縦には振らない。この原因のひとつに、役所側もケアマネジャーも介護保険対象サービスだけで十分だという認識がある。そのために、これまでは、介護保険外サービスの開発とその普及は容易ではなかったのである。

　さらに大きな壁がある。人の確保だ。介護サービス業界はただでさえ慢性的な人材不足に陥っている。いかに人材を確保して教育し、業務の標準化を図っていくかが課題である。また、コンプライアンスも遵守しなければならない。特に職員の職種の兼務や業務の混同を行政は嫌う。介護保険外事業が軌道に乗っても、介護保険事業が行政処分で業務停止や指定取消、多額の介護報酬返還になっては元も子もない。しっかりとした事業コンセプトを確立して、利用者と職員双方にとって魅力的なサービス展開をするとともに、法令遵守のための事前検討と役所との協議は念には念を入れて十分すぎるくらいに行う必要がある（**図表Ⅲ-2-5**）。

【図表Ⅲ-2-5】 混合介護とコンプライアンス

- 保険給付サービスと保険外サービスを一体的に提供する際に、保険者の中には連続したサービス提供や同日でのサービス提供、同じヘルパーの提供を禁じる指導を行っている可能性
- 介護保険制度上の常勤専従配置職員を自費サービスに配置しない
- 利用スペースが設備基準に抵触しない
- 経理上の会計の区別
- 価格の合理的な根拠を明示する
- 利用に当たっては利用者の理解を十分に得る
- サービスの質の確保を図るための仕組み作り
- 保険外サービス市場のサービスの質や特徴、事業者に関する情報をケアマネジャーや高齢者・家族が得られる仕組みを構築する必要

著者作成

4. 介護保険制度改正の内容と環境変化

　介護保険外サービスにとって、大きな追い風が吹いてきた。社会保障税一体改革による介護保険制度改正である。2014（平成26）年6月18日午前11時、参議院の本会後において介護保険法の改正法案が可決成立した。これによって14年間続いた旧介護保険制度が事実上、崩壊した。10年後の2025年には高齢化率が30％に達し、日本人の3人に1人が65歳以上となる超高齢社会の拡大のなかで、社会保障制度の維持を最優先するという名目の下で、要支援者を介護給付から切り離し、所得に応じて応分の負担を求め、介護施設には重度者しか入れないという新しい介護保険制度が幕を開けた。
　しかし、新しい要支援者の受け皿として総合事業が創設されたが、ボランティアスタッフのサービスであっても利用者が好きなサービスを好きなだけ選択して自由に利用できるわけではない。地域包括センターが作成する予防ケアプランに従って提供される。利用者の側にはケアマネジャーの選択権はない。どのようなサービスをいくらの単価で提供するかは、市町村の裁量に基本的に委ねられている制度でもある。地域のボランティアやＮＰＯ

など多様な担い手が確保できずに介護事業者のサービスに偏った地域は、近い将来において何らかの市町村による利用制限が行われる可能性が残された。

他方、一般の年金受給額が2年半にわたって3回連続して引き下げられ、消費税の増税や物価上昇による支出増に苦しむ高齢者が増えている(**図表Ⅲ-2-6**)。今後、サービスの利用控えや介護事業者の選別が進む可能性もあり、同時に、ある程度の所得層以上では、介護保険外でも構わないので従来の予防給付で介護事業者が提供していたより良いサービスを望むといった消費者ニーズが拡大するという市場の二極化が進むであろう。

【図表Ⅲ-2-6】 経営環境の変化──2年半で年金支給額が2.5%減額

年金毎月支給額の減額シミュレーション

	国民年金(減額金額) 1人の標準金額	厚生年金(減額金額) 夫婦2人での標準金額
2012/04〜	65,541	230,940
2013/10〜	64,875 (-666)	228,591 (-2,349)
2014/04〜	64,200 (-1,341)	226,216 (-4,724)
2015/04〜	63,866 (-1,675)	225,040 (-5,900)

2012年から月額約2,400円の減額
○訪問介護　身体Ⅱ(402単位)→6回分
○通所介護　要介護1 7-9算定(約800単位)→3回分

利用控え、事業者の選別が起きても不思議ではない

著者作成

5. 公的保険外のサービス産業の活性化へ

2013(平成25)年12月には医療・介護等分科会において、中間整理(案)が公表された。「フィットネスクラブなど、民間サービス事業者が医療機関と連携し食事指導や運動指導を実施できるようにしてはどうか」という提言

は重要である。医療機関と民間の連携による栄養ケアマネジメントや機能訓練としてのサービス提供が実現に向けて検討され始めている。これまでもクリニックをフィットネスクラブなどに併設するケースは多く見受けられたが、それは各々に独立していて、実際は連携とはいえないものがほとんどである。医療と民間がタッグを組んだ連携は、今後の事業展開に新たな可能性を感じる。中間整理（案）には、公的保険外のサービス産業の活性化として、「医療と連携した運動・食生活の指導、簡易な検査等を含めたセルフメディケーションや予防・健康増進活動の推進などについて、産業化の観点も踏まえ、パッケージで施策を考えていくべきである。更に、我が国のヘルスケア産業の国際展開を図ることで海外の需要を取り込んでいく視点も重要である」と記載されていることを添えておく。

　これからの高齢者市場は、高齢者の世代交代が加速して、戦中戦後世代中心から団塊の世代中心に移行していく過渡期となる。団塊の世代層は、会社の退職金や年金支給もほぼ保証されている。高度成長期やバブル期を実経験していて、知識や趣味も豊富で自分の価値観をしっかりともち、自己主張も強い世代だ。豊富な時間と資金力を生かして、秘境探検や特殊体験ができるツアーが人気になっているのもこの世代の特徴である。資力と時間を十分に有したセカンドライフを謳歌している世代であり、この世代の個々のニーズを満たすために、介護保険制度の枠内に収まることなく、多様な保険外サービスを多様な形態で提供することが求められる。健康で自己主張の強いわがまま世代（アクティブエイジング）に、何を提供できるか。まさにオーダーメイドサービスである介護保険外サービスが必要な時代になりつつある。6月24日に閣議決定された成長戦略＝骨太の方針においては、「健康関連分野における多様な潜在需要を顕在化させることで、経済成長の活力としていく」と記載されている。1割負担で利用できる介護保険サービスの枠にとらわれることなく、自由な発想で多様なニーズに応える保険外サービスの開発と提供が、これからの時代にマッチして成長していく分野なのである。

6. 拡がるビジネスチャンス

　予防事業が介護保険から外れることで一般企業のシルバービジネスチャンスも大きく拡大する(**図表Ⅲ-2-7**)。これからの高齢者の中心となる団塊の世代は豊富な時間と資金力がある。介護保険の枠にとらわれない保険外サービス分野においても、健康維持や介護予防、アンチエイジングなどの価値を見いだせば多くの需要が見込まれる。介護保険対象サービス＋介護保険外サービスのパッケージ商品化、混合介護という考え方が重要である。医療や介護分野は許認可事業であることから、非常に閉鎖的な「村」を形成して、自由なビジネス発想を拒んできた。行政も、介護保険外のサービス提供には否定的な立場を取り、介護サービスを司るケアマネジャーも全額自己負担である自費サービスには良い顔をしない。このことが介護保険外サービスの参入障壁となっていた。

　しかし、国の財政事情から介護保険の軽度者を切り離し、専門サービスを重視するとした方向性は、シルバービジネス産業にとって強い追い風となる。介護保険の適用範囲が徐々に狭まるなかで、制度から外されるサービスが今後もさらに出てくるであろう。介護保険から外れたからといってニーズはなくならない。ここに自費サービスの存在意義が拡大し、介護保険外市場が急成長する基盤ができてくる。

　制度改正という追い風を受けながら、顧客層の囲い込みという観点での介護事業への新規参入の検討も含めて、高齢者市場に投入する保険外サービスの開発と本格的な事業展開に向けた事業戦略、戦術を早急に検討すべき時が来ている。しかし、そこには人材の確保など、解決しなければならない課題も多い(**図表Ⅲ-2-8**)。

【図表Ⅲ-2-7】 今後の混合介護の有望市場の検討

> 介護保険がカバーしない介護・生活支援分野(話し相手、散歩等)
> 私費だけを利用する層向けの新たな市場の開拓
> 介護保険前の世代向けの私費サービスの相談ビジネス
> 保険外利用を支援するための民間保険の促進
> 富裕層に特化して絞った差別化サービスの開発
> 墓参り代行サービス、葬祭関連サービス、遺言サービス、看取りサービス
> 独居高齢者向けの「家族の代わりサービス」
> 親に対するサービス(退院後等の親の食事、認知症の家の中の見守り等)の子ども世代の利用ニーズ
> 特に虚弱高齢者にとっての野球観戦などのアクティブな外出サポート
> 外出の足、家の中の修理や付け替え、買い物代行サービス
> 社会参加や自己実現ニーズに応える生活支援サービス
> エイジドシッター
> 「保険給付サービス+保険外サービスのパッケージプラン」

出典：シルバーサービス振興会「訪問介護サービスにおける『混合介護』の促進に向けた調査研究事業報告書」

【図表Ⅲ-2-8】 混合介護の考えられる課題

- サービス提供人材の確保難、スタッフの専門的知識の修得や、専門的な処遇
- 料金設定
- 介護・医療の自己負担2割による経済的な理由
- 保険給付対象と保険外のサービスとの線引き、利用者への区別説明が難しい
- 利用者は保険内の利用者負担額との比較の中で保険外サービスの費用負担感を判断する傾向
- ケアマネジャーが良質な事業者情報やサービス情報の信頼性ある入手源が得られないことが活用に積極的になりにくい要因
- 「第一の保険外サービス領域」の担い手としては「自治体」や「NPO」などが主として想定されており、保険外サービスの担い手について民間事業者が対等に位置づけられているとはいいがたい
- 居宅での医療ケアニーズの高い高齢者の増加が見込まれる民間保険の充実等、保険外サービスの費用発生リスクを軽減するための工夫
- 悪質な事業者が増加すると、事業者に対する規制強化、介護保険及び高齢者保健福祉施策が抑制的に
- 利益確保できる保険外サービスのプランの設計

出典：シルバーサービス振興会「訪問介護サービスにおける『混合介護』の促進に向けた調査研究事業報告書」

第3章 非営利ホールディングカンパニー型（HDC）法人

1. ポジティブなまちづくり

　2014（平成26）年1月20日の産業競争力会議後、甘利内閣府特命担当大臣は記者会見において「2040年の少し先には、急激な人口減少で維持できない市町村が数多く出てくる。ヘルスケア分野の『非営利ホールディングカンパニー』（以下、非営利HDC）は、コンパクトシティ、健康まちづくりの中心となることができる。ばらまきではなく、拠点を中心にダイナミックにまちづくりを変えていき、同時に医療・介護分野を成長産業としていくといった、ポジティブなまちづくりの議論にすることが必要である」と述べた。

2. 非営利HDCはショッピングモール

　現時点の非営利HDCのイメージ図が**図表Ⅲ-3-1**である。また、**図表Ⅲ-1-1**（147ページ）は厚労省が国民会議資料などで提示する、将来像に向けての医療・介護機能強化の方向性イメージである。見比べていただきたい。厚労省が推進する地域包括ケアシステムの構築に向けて、個々に機能する医療と介護を連携させ、統合していくイメージが非常に似通っている。地域包括ケアシステムの構築の過程において、病院完結型の医療体制を地域完結型に移行するなかで、その川上にある急性期病院と川下にある在宅介護までの一体的なネットワーク化は不可欠である。このイメージ図は、「イオン」や「ゆめタウン」などのショッピングモールを連想させる。単独店舗と比べて格段に集客が優れ、利用者にとっても1か所でなんでも揃うメリットは大きい。一つのモールの中でサービスが集約でき、駐車場やチラシなどの情報発信を共有し、個々の店舗の初期投資が軽減できるショッピングモールは、まさしく非営利HDCである。先述の甘利大臣のコメントにあった「コ

【図表Ⅲ-3-1】 非営利ホールディングカンパニー型法人制度のイメージの一例

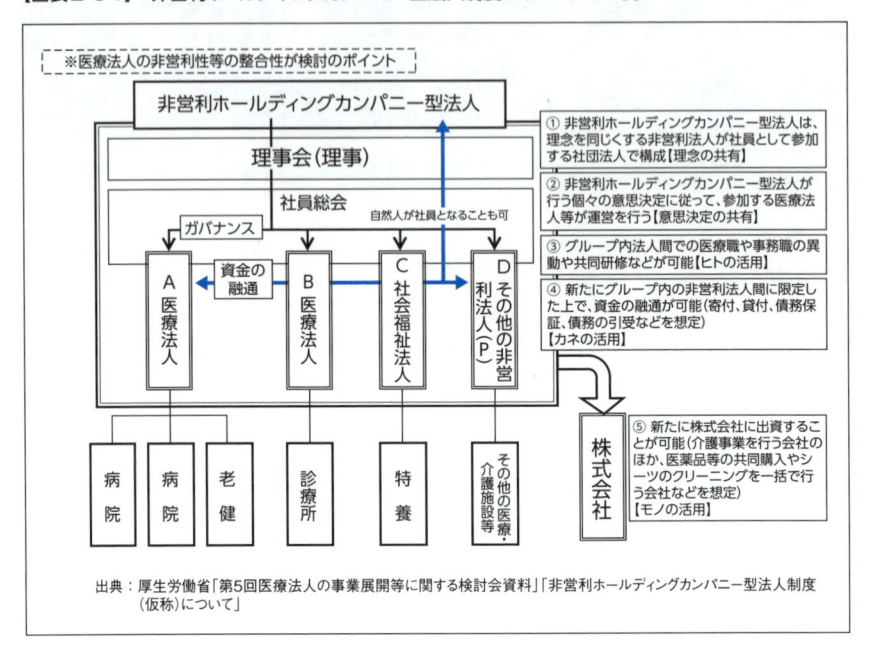

出典:厚生労働省「第5回医療法人の事業展開等に関する検討会資料」「非営利ホールディングカンパニー型法人制度(仮称)について」

ンパクトシティ」「健康まちづくりの中心」「ばらまきではなく、拠点を中心にダイナミックに」にも合致する。

3. 非営利HDCのメリット

　2013（平成25）年8月6日「社会保障制度改革国民会議報告書」において、医療法人等の間の競合を避けて地域におけるネットワーク化を図るには協調が必要であり、医療法人等が容易に再編・統合できるよう制度の見直しが重要である、医療法人制度・社会福祉法人制度で非営利性や公共性の堅持を前提として、ホールディングカンパニーのような法人間の合併や権利の移転等を速やかに行うことができる制度改正を検討する必要がある、複数の医療法人がグループ化すれば、病床や診療科の設定、医療機器の設置、人事、医療事務、仕入れ等を統合して行うことができ、医療資源の適正な配置・効率的な活用を期待することができる——とした。これを受けた産業競争力会議では、病床の機能分化や医療・介護等の連携が容易になり、高齢者が

必要とするサービスを切れ目なく体系的に提供できるようになることや、病床や診療科の設定、高額医療機器の導入等を統合して行えるほか、資金調達の一括化による調達コスト抑制など、経営の効率化が可能であるとした。

政策的には、比較的体力の乏しい中小規模の医療法人や社会福祉法人が互いに人材面や資金面で支えるための再編・統合・合併策の推進であることは明らかである。提供側の事業規模の拡大によるスケールメリット、業務の効率化によって必要とされる医療、介護の給付総額を抑制する意味が強い。市場が細分化されていない医療・介護分野ではその効果は高い。

事業主体のメリットは、合併のように元々の法人が消滅することなく、法人グループを作ることができる。まず、ヒトの活用としては、グループ内法人間での医療職や事務職の異動や共同研修などが可能となり、求人が思うように行かず、急な職員の退職等の問題を抱える医療・介護業界において、規模の大きな事業体としての求人効果は高い。また、急な退職時に他の部署の職員を融通し合うことや合同の職員研修によって、人材交流の効果、1人当たりの研修費用を抑える効果も計り知れない。講師料の高い高名な講師を呼ぶことも可能となる。カネの活用としては、新たにグループ内の非営利法人間に限定した上で、資金の融通が可能とされている。そして、モノの活用である。非営利ＨＤＣとして、新たに株式会社に出資することが可能なのである。営利法人の介護事業を行う会社に出資してグループ化したり、医薬品等の共同購入やシーツのクリーニングを一括で行う会社などに出資することができる。この機能によって、非営利ＨＤＣは非営利法人しか参加できないという制限を超えることができる（**図表Ⅲ-3-2**）。

4. 医療法と社会福祉法の２形態

国が進めている非営利ＨＤＣの形態には、医療法と社会福祉法の２つがある。2014（平成26）年6月24日に閣議決定された成長戦略「日本再興戦略」において、複数の医療法人や社会福祉法人等について一体的な経営を可能とする「非営利ＨＤＣ型法人制度」を創設し、2015（平成27）年中に制度上の措置を目指すとされた。2014年7月4日に提出された厚労省「社会福祉法人の在り方等に関する検討会」の「社会福祉法人制度の在り

方について（報告書）」では、社会福祉法人やそれ以外の非営利法人が協働して地域で多様な福祉活動を積極的にするために、複数の非営利法人が社団型の社会福祉法人を設立できる仕組みを検討するべきである——とされた。いずれの場合も、その対象となる法人は、非営利法人としての社会福祉法人、ＮＰＯ法人等、剰余金の配当ができない点から非営利法人とみなす医療法人である。営利法人が社員として出資することはできない。また、自治体や独立行政法人等が設置する公的病院が参画することができるよう、必要な制度措置等について検討するとされている。

5. 非営利ＨＤＣの今後の論点と営利法人での対応

非営利ＨＤＣ型法人制度の具体的な検討は2015（平成26）年中に制度上の措置を目指して今年度中に審議がまとまっていくと考えられる。現時点での論点などは厚労省のホームページから医療法人の事業展開等に関する検討会資料で見ることができる。それは主に法人の在り方と、事業の在り方に大別される。意思決定の仕組みや社員法人の独自性の確保、資金融資の仕組みや非営利性の確保、参画法人の地域制限や透明性の確保と外部監査の導入などである。非営利ＨＤＣは官主導の医療法人、社会福祉法人に対する政策的な連携・統合施策である。その対象とならない営利法人組織の介護サービス業にとっては経営戦略上の競合となり脅威になり得る。営利法人も今後は、非営利ＨＤＣを他人事と思わず、情報を収集しつつ、その良いところを取り入れて、独自の手法で連携・統合による事業規模の拡大を今後の経営戦略の中で検討すべきである。

【図表Ⅲ-3-2】 非営利ホールディングカンパニー型法人の活用モデル

自治体中心型
- 都道府県や市町村がその区域内の医療法人、社会福祉法人等に呼びかけて、非営利ホールディングカンパニー型法人(HD法人)を創設する。
- 自治体が中心となって、医療法人等の横の連携を高めることで、地域医療構想、医療計画、介護保険事業計画などと整合性を持ちつつ、病床機能の再編、地域包括ケアシステムの構築等を円滑に進めることが期待される。
- 必要に応じて、自治体が出資したり、自治体の幹部を理事とするなど、適宜、関与することも可能である。

中核病院中心型
- 地域の社会医療法人、大学付属病院を経営する法人など急性期医療等を担う中核的な医療法人等が、回復期や在宅医療を担う医療法人や、介護を担う社会福祉法人に呼びかけて、HD法人を創設する。
- 地域の中核病院が中心となることで、回復期や在宅医療の基盤が弱い場合は、中核病院の信用力を元に資金を確保してそこに投資するなど、地域の効率的な医療提供体制を構築することが期待される。

地域共同設立型
- 都道府県医師会や地区医師会が中心となって、その区域内の医療法人、社会福祉法人等に呼びかけて、HD法人を創設する。
- 医師会が中心となることで、現在、医師会が中心的に進めている在宅医療・介護の連携の更なる促進や、共同購入や医療機器の共同使用等による中小医療法人の経営の効率化、経営の厳しい医療法人の支援や受け皿としての機能が期待される。
- 自治体も巻き込むことによって、自治体からの出資などの支援を受けることも可能である。

出典：厚生労働省「第5回医療法人の事業展開等に関する検討会資料」「非営利ホールディングカンパニー型法人制度（仮称）について」

第4章 社会福祉法人の在り方の改革

　2014(平成26)年7月4日には、「社会福祉法人の在り方等に関する検討会において社会福祉法人制度の在り方について」(報告書)が提出された。近年の社会福祉法人における内部留保の問題が表面化して、何かと風当たりが強くなっている社会福祉法人であるが、この報告書においても大きな改革の方向性が明示されたことになる。主なポイントとして、地域における公益的な活動の実施が義務化される。地域における公益的な活動をしない法人への対応として、行政指導の対象とすることが提案されている。また、その実施方法としては、複数法人による活動の協働化によって、複数の法人が活動資金を出し合って実施の必要とされた。法人組織の権限と責任の明確化として、評議員会が理事を選出する仕組み、法人本部機能の強化として、理事会の下に法人本部事務局を設置する、監事要件の見直しとして、財務諸表を確認できる者を任命するなどの組織改革の提言、法人の規模拡大・協働化として、合併・事業譲渡手続きの透明化、複数法人による事業の協働化、各法人の役職員の人事交流、複数の非営利法人が社団型の社会福祉法人を設立──などがある。さらに、公益法人同様に、外部監査の義務化として公認会計士等の専門家の監査、剰余金の社会福祉事業や地域への還元、また、法人運営の透明性の確保として、社会福祉法人の財務諸表等の公表、地域における活動についての公表、経営診断の仕組みの導入──など社会福祉法人組織全体の改革を迫る内容に終始している。

　社会福祉法人には、一般企業が支払っている法人税などの税金が免除されている。その分、社会に還元することが社会的な機運として求められている。なかには、低所得層の利用者への無償でのサービス提供などを提言する意見もある。これは、介護保険制度が営利法人に解放されたことに伴い、自由競争の競争力のバランスの公平化が緊急課題となったことと、旧態依然とし

た経営組織の社会福祉法人が時代の流れについて行けずに経営不安を引き起こしていることに起因する。2014年6月には、大阪府阪南市で社会福祉法人の理事長職が転売され、法人が実質的に売買されていた問題があった。厚労省は「社会福祉法人は施設建設や運営に多額の税金が投入されているので、現在の社会福祉法では理事長職の売買を禁じてはいないが、倫理上許さない」とした。これは、全国的に相次ぐ社会福祉法人の身売りの一部分に過ぎない。社会福祉法人は法人税などが非課税であるため、事業家にとって大きな魅力があるのだ。社会福祉法人の経営者による私物化などが問題視されている。さらに、2014年6月27日「税制調査会の法人税の改革について（案）」においては、「民間と競合しているもの（例えば、社会福祉法人が実施する介護事業）については、その取り扱いについて見直しが必要である」と記された。これは、従来から法人税や固定資産税が非課税である社会福祉法人への課税の検討を示すものである。

　これらは、2011（平成23）年12月の介護給付費分科会において、特別養護老人ホームの内部留保が1施設当たり3億1千万円あるとの指摘から表面化した問題である。今、社会福祉法人は経営の大転換を迫られていると同時に、その存続意義が問われている。

第Ⅳ編

これからの介護事業経営

第1章 事業経営の成功法則

1. 意識を変えるということ

　介護事業者様からよく質問をお受けすることに、「どうすれば、利用者が増えますか？」や「どうすれば〇〇〇？」など、いわゆる成功事例を教えてほしいというものがある。それだけ頻繁に全国を回っていれば、いろいろと知っているでしょうということのようである。それを立ち話や、1枚のFAXで尋ねられるので困ることが多い。ご存じのように、万人が成功する、もしくは状況が良くなる成功法則などないのである。あったら、私が教えてもらいたい。なぜなら、考えてみてほしい。数千円のセミナーを受けて、そこで簡単な質問で状況が大きく変わったら、それは奇跡に等しい。その講師は神様だ。救世主だ。どこどこの会社では、こうやって上手くいきましたよという話もよく聞くが、それは多くの場合、いいとこ取りの切り売りに過ぎないのである。その部分では上手くいっているかもしれないが、本当は、他にたくさんの問題や悩みを抱えている、皆さんと同じ悩める会社であることが多いのである。それゆえ、事業に成功した経営者が、そのことを本に書いたりした途端に、その会社が倒産したり、問題を起こしたりということは多いのである。不思議なもので、光が当たる部分が多くなると、裏の面である影の大きさもどんどん大きくなるようである。

　何を言いたいかというと、セミナーに参加したり、本を読んだからといって、皆がすぐにできる、上手くいく方法なんて教えてもらえないし、わかるものではないということ。なぜなら、そんな簡単に上手くいくのであれば、誰も悩んだり、苦しんだりしない。仮にみんながその成功法則を実施したら、どうなるだろうか。世の中の多くの人が同じことをして成功する、皆が同じことを始めるわけだから、そのうちに、今の現状とまったく変わらなくなってしまう。

もしも、本当に万人に聞く成功法則があったら、それは一人だけが知っているから魔法の力を発揮するのではないだろうか。それは、人に教えてはいけないということ。教えたときから、消えてしまうものなのである。
　このようなことを書いていると、この本をもう読むのをやめると思ったかもしれない、しかし、もう少しお付き合いいただきたい。
　話が長くなったが、今回のテーマである、介護保険制度改正やこれから出てくる介護報酬改定も同じだということである。万人ができる共通の対策なんて「ない」。もしもあったとしたら、それは皆が上手くように法律を変えることだけであろう。だから、そんな夢を追っているより、現実に戻って、悩んで苦しむほうがよっぽど近道なのである。子どもの出産も同じであろう。お母さんは何時間も苦しんだあとに、赤ちゃんの顔を見て、至上の喜びを得るのだ。これが、陣痛も苦しみもなく赤ちゃんが生まれるのであれば、それは楽だろうけれど、それでは赤ちゃんの顔を見ても嬉しいとは思えないだろうし、愛情なんてわかないだろう。男だから想像の域をでないのだが。つまり、経営者は自ら苦しまないといけない。その先には成功という喜びがあるのだから。
　私は、小学校の頃、鉄棒の逆上がりができなかった。何度やってもできなかった。だから体育の時間がとても苦痛だった。でも、鉄棒を見つけては、何度もトライしてみた。助走をつけたり、反動で上がらないかと強くキックしてみたり。でも駄目だった。そうこうしているうちに、高校に進学した。ある日、急に逆上がりができるようになった。逆上がりだけでなく、蹴上がりも、前転も後転も、大車輪以外はほとんどできるようになった。大車輪もやればできたと思うが、ケガが怖くてやれなかった。私は、小心者なのである。要は、鉄棒は筋力なのである。腹筋や背筋や腕力のバランス。そうだから、逆上がりも反動もなく、ぶら下がった状態から筋力だけで上がることができる。何度も言うが、全身の筋肉の使い方のバランスが必要だった。これはやってみないとわからず、身体で覚えるものだろう。逆上がりができるようになった途端、他の上がり方もすぐにできた。経営も同じである。自転車も同じである。転ぶのが怖くて、恐る恐る練習しているときには自転車に上手く乗ることができないが、何かのきっかけで急に乗れるようになる。そして一度乗

れたら、身体が覚えるから後はいつでも乗れるようになる。私ももう何十年も自転車には乗っていないが、今からでもすぐに乗れる（おそらく）。

　話を元に戻す。同じ成功法則がないと、延々と勝手なことを書いてきたが、その本当の理由は、ひとつひとつの介護事業者の顔が違う、個性が違う、体調が違うことが一番大きな理由である。風邪をひいて病院に行ったら、大抵は聴診器を胸にあてて診察をする。そしてアレルギーがあるかとか、個人の体調を確認してから注射を打ったり、薬を処方するであろう。熱があって頭痛が激しいときに、今の風邪はお腹に来ますなどと言って下剤をくれてもまったく役に立たないどころか、体調を悪化させてしまう。経営も一人一人が違う症状なのだから、対策も個々に違うのである。そこのところを理解してほしい。だからこそ、この本も万人に効く対策は書けない。しかし、情報は取ることができる。その情報を使って、早く自分の事業所にあった対策を見つけてほしい、そして、自分だけの成功法則を早く見つけてほしいと心から願っている。でも、見つけても、人に話してはいけない、魔法が消えてしまうから。

2．利益の考え方と意識改革の必要性

　2014（平成26）年4月から始まった介護保険法改正の通常国会の審議を、インターネットのオンデマンド配信でずっと聞いていた。ほんとうに便利な世の中になったものである。このインターネット配信を聞いていて（動画で、絵も映っているのだが、仕事しながら聞いていた）、厚労省は本気で社会保障制度を根本から変えようとしていることが伝わってきた。

　「平成26年版高齢社会白書」によると、日本の高齢化率は2013（平成25）年で25.1％になっている。なんと、国民の4人に1人が65歳以上の国に日本はなってしまったのだ。今は、15歳以上の人たちが2.3人で、1人の高齢者を支えているのだそうだ。2025年には高齢化率が30％を超え、2035年には33.4％になると考えられている。日本人の3人に1人が65歳以上の時代とは、あまり想像したくないものである。しかし、すぐに15歳以上の者1人が1人の高齢者を支える時代がやってくる。人が年を取るのは自然なことであるからよいが、自分が65歳になったときには、自分の担当の若者が

1人で支えてくれると思ったら恐ろしくなる。無理である。ということは、何が起こるかというと、社会保障財源の財政が破綻してしまうわけである。介護も年金も医療も支える側と支えられる側が1対1では成り立つわけがないのである。国民皆保険制度も破綻間近と言われ久しいが、なんと高齢者の基準である65歳の引き上げが検討され始めているらしい。定年も現在の65歳から将来は75歳になるという話も出始めている。75歳まで今の会社で働くことを考えてみてほしい。75歳の人たちが同じ職場で働いている姿を想像してみてほしい。嫌だ、そこまでは働きたくはない、そうはいっても、これからの日本という国は、そうしないとやっていけなくなっている。

　今、起きていることは、すべてが社会保障制度の財政破綻を見越した動きであると思う。現状を維持したままで社会保障制度を続けることは不可能であることは誰でもわかる。もう、状況は切迫していて待ったなしなのである。これは、個人の家計と同じである。子どものため、親のためといっても、お金がなければ何もできない。そこから、「やりくり」ということが始まる。

　お父ちゃんが、家に帰ってきて浮かない顔をしてる。「お父ちゃん、どうしたの？」と聞く。「実は、会社が今、厳しいんだ。来月のボーナスが出ないかもしれない……」と言った途端に、その後は修羅場の始まりである。「来月の住宅ローンのボーナス払いどうするの！」「正太の塾のお金だって、特別講習にお金がかかるのよ！」「今度の旅行はどうなるの？　みんな楽しみにしているのよ！　本当に私たちのことを考えているの？」「そんなことは納得できないわ！　何とかしてきて！」。既得権の行使というものが真っ先に出てくる。しかし、どうしようもないとわかったら、現実的になり、切り詰めがされていく。あんなに子どもの正太の勉強が大事だと言っていたのに、「正太、塾なんて勉強のできない子がいくところよ！　わからないところは、お姉ちゃんに聞いて、自分で頑張りなさい。あなたはできる子なんだから」。今、このようなことが起こっている。しかし、現実を見たら、変えていかないと無理なことはわかる。そのやりくりを、先を見こして今から準備するのであるから、この先は思ったよりは、暗くはないのである。ただ、今と同じことができないから、我慢するところは我慢する必要がある。

　2013(平成25)年1月21日の社会保障制度改革国民会議がスタートした。

そこで安倍総理は聖域なき、痛みを伴う社会保障制度改革を断行する決意を述べた。その1年半後、通常国会にて介護保険法の改正法案は可決して、6月25日に官報に掲載されて公布された。その内容については、本書の第1章から第2章に書いた通り。そのようななかで、2014（平成26）年8月17日の新聞報道では、ローソンが介護事業者と提携して、店舗にケアマネジャーが常駐して介護サービスを紹介したり、生活相談に応じたりする高齢者を支援する「介護コンビニ」の展開を始めるとの記事が出た。この記事を読んだ介護関係者のとらえ方、その受け取り方は真っ二つに分かれる。一つは大手業者が利益ばかりを考えて介護事業に参入すると捉えて嫌悪感を示す見方、もう一つは、新しいビジネスチャンスの可能性を感じる期待感……読者は、どちらの見方をするだろうか。

そもそも、介護サービス事業とは何であろうか。2000（平成12）年に介護保険法がスタートした。その大きな特徴は、営利法人の参入を認めたことにあるのはご存じの通り。それまでの措置の時代は、社会福祉法人と医療法人しか介護事業を行えない時代が続いていた。介護は社会福祉法人と医療法人の独占事業だったのである。しかし、本書を読まれている方の多くは、一般の株式会社、合同会社、有限会社などの営利法人の形態で許認可を受けて介護サービスを経営されているか、勤務している方ではないだろうか。介護保険制度がスタートしたと同時に、営利法人の参入が認められたことで、介護サービス事業は一般の商売と同じ「自由競争市場」の中にたたき込まれてしまった。これは、介護保険制度導入以前の措置の時代のように、行政側は、事業者の管理はするけれど、事業が伸びようが潰れようが一切の事業者の保護をしないということ。なぜなら、介護事業者は、その事業者が立ちゆかなくなっても代わりはたくさんあるからである。住民に迷惑がかからない限りは、役所は事業者の保護をする理由がない。何があっても行政は助けてくれないので、自分たちで何とかしなければならなくなる。だから、経営者はしっかりと安定した利益を出して、職員にも必要十分な給与を支給していくことを続けていくために、自分たちで経営努力を継続しなければならない。職員の給与が上がらないのは、国の制度の責任にしがちであるが、それはまったくの責任逃れであって、最終的には経営者の責任になる。経営

者の一番の仕事は、どのようなことがあっても事業を続けていくことなのだから。それができなければ、利用者も増えず、職員も辞めていき、残念ながら自然淘汰されるしかない。同時に、地域にとって必要とされないサービス、質の低いサービスを提供した場合は、地域から見放されて誰も利用しなくなるので、これも自然淘汰に向かう。自由という言葉は、開放感があると同時に、実は残酷は言葉でもある。すべての責任は自分に、事業経営では経営者にあることを意味するからである。経営者という商売は、虎の背中に乗っていると同じなのだそうだ。振り落とされたら、虎に食い殺されてしまうのである。虎に食い殺されたくなかったら、常に休むことなく、常に変わり続ける状況変化への対応を迅速にしなければならないのである。経営者とは、非常に因果な商売なのである。

　介護サービス事業の経営面での特徴の一つに、「介護とは心である」などという精神論がとても重視されている。そして、利益という言葉に少なからず罪悪感を感じる人が多いということも業界の特徴である。これは、一つには2000（平成12）年以前の措置の時代の名残なのである。措置の時代は、行政が利用者を常に新規で紹介したので営業努力は必要なかったわけで、ただ役所から紹介されるのを待つだけでよかった。介護報酬も十分な金額であったので、企業の経営努力はほとんど必要なかった時代だった。

　当時の社会福祉法人などは、職員の給与は公務員に準じるところが多く、経営者の仕事はいかに年間の予算を消化するかであった。その時代であれば、「介護とは心である」という精神論が職員教育では重要である。逆に余計な経営努力などされては困るのである。営業の必要性など説けば、そんなものは必要ない、もっと別にやることがたくさんあるだろうと叱責されたのであった。そのような、事業の利益のことなど考えなくてもよかった時代が確かにあったのである。

　しかし、今は現代の環境が180度転換してしまった。旧態依然とした体質の社会福祉法人で、経営に苦しむところが多いのは、その理由が一つである。非常に優秀な経営者の方でも、一度与えた職場の既得権を変えていくことは至難の業なのである。そのため、私は介護事業所を訪問して経営指導を行うときに、安易に職員の方々に対して、営業とか利益という言葉を口

にしてしまったことが度々あった。その途端に心の扉を閉ざされて、それ以降は何を言っても受け入れてもらえないという苦い経験をした。今でも介護事業の職員教育の中では、経営理念や人間性、価値観といった精神論が重視されていて、「こうあらねばならない」「こうしなければならない」という介護事業独自の規範が尊重されているところが多いのではないだろうか。あえて批判を覚悟で書けば、介護事業の経営者に置いても、この部分を利用して、職員の人件費を抑えることに活用してきた部分があると感じている。介護事業は高齢者の方への奉仕の心が大切で、それはお金に換算できないものであることは間違いではない。しかし、だからといって給与のアップを期待し、要求することは、介護の理念にも劣るという、自己犠牲の考え方は時代錯誤も甚だしいと言わざるを得ないのである。今の介護事業は、職員の生活の犠牲の上で成り立っている部分が少なからずあると思う。その反動が、今度は経営者の側にリターンして、利益追求や営業という部分で職員の理解や協力を得ることが難しい状況を作り出しているのではないだろうか。その相乗効果がマイナスに作用して、事業経営が伸び悩むというジレンマを抱えているのが介護事業経営の一つの姿なのだと思っている。

　さらに、制度の上での問題もあって、介護事業所は、職員の給料を我慢してもらって何とか利益を出している。その結果、厚労省の「経営実態調査」という調査に、そのサービスは利益が出ていると反映される。職員の自己努力で利益を出した結果が、調査で利益が出すぎているという判断につながって、次回の介護報酬の単位が下げられてしまう。そうすると、また処遇が悪化して、職員の応募が来ないという悪循環が生じている。これがデータの恐ろしいところなのである。

　そして、利益に対する嫌悪感とはどこから来ているのであろうか。これは日本独特の価値観である。その価値観を形成したのは、主に第二次世界大戦のプロパガンダ。「贅沢は敵だ」「足りぬ足りぬは工夫が足りぬ」「欲しがりません、勝つまでは」。これらは戦時中の物資不足の生活に対する不満を抑制するために当時の政府が世論操作のために作り出した標語だったのである。そして、ほとんどの当時の国民がこの言葉に洗脳された。その洗脳が戦後に解き放たれたかというと疑問である。戦後になってＴＶで放送さ

れたり、映画となった時代劇にも、この考え方の名残が見て取れるのである。それは、時代劇での悪人は、決まって代官と商人であり、そして、代官と商人が夜にロウソクの下で酒を飲みながら、次のセリフを言う。「ふっふっふっ……越後屋、お主も悪よのう」「いえいえ、お代官様こそ」。役所と企業が儲け話に花を咲かせている感じである。それに対して、善人である主人公は、決まって長屋住まいで、貧乏であるが心は清らかで、正義感に溢れている。これが日本人の美徳とされたのである。それは戦後の復興期から高度成長期前半までは必要な考え方でもあった。特に団塊の世代以前の世代は、このような価値観の中で教育され、育ったのである。

　では、利益を求めることは悪いことなのだろうか。否である。利益の正体とは何なのであろうか。それは地域から介護事業者への通知表なのである（**図表Ⅳ-1-1**）。小学生が学期末に学校の先生から渡されて自宅に持ち帰る、アレである。優・良・可、1・2・3・4・5などでその学期の学習成績を個人評価される通知表である。

【図表Ⅳ-1-1】　利益の正体

利益とは

地域からの通知表です

　介護事業所が、その地域にとって必要で、質の高い素晴らしいサービスを提供した場合は、どうなるであろうか。当然、ニーズが高くて、同時にレベル

の高いサービスを提供しているのだから、利用者は自然と口コミで増えるであろう。新規の利用者が継続的に増えるとどうなるか。それはサービス量が増加して収入が増えて、好むと好まざるにかかわらずに、結果として利益が増えてしまう。逆の場合は、利用者が増えずに、利益は出ない。このように、利益とは、その地域にとってニーズが高く、かつ、素晴らしいサービスを提供した結果に対する、地域からの評価であり、フィードバックの結果なのである。言い換えると、利益とは、地域からの「ありがとう！」という言葉の集合体なのである。利益が出るということは、その地域から感謝された結果なのである（**図表Ⅳ-1-2**）。これは存分、誇りに思ってよいのである。自慢してよいことではないだろうか。介護事業所の経営者と職員は、いかに新規の利用者を増やして、収入を増やすことができるかを真剣に考えるべきなのである。それは、利用者のニーズに応えていく工夫をこらし、職員のレベルアップを常に行って、事業所全体のサービスの質と満足度を上げることとイコールなのであるから。そして、そのような事業所には、不思議と良い職員が集まるものである。私は、初めての事業所に訪問して、職員の皆様とミーティングを行うとき、必ず最初にこの話をしてからミーティングや個別事案の支援をスタートする。

【図表Ⅳ-1-2】　利益の出る構図

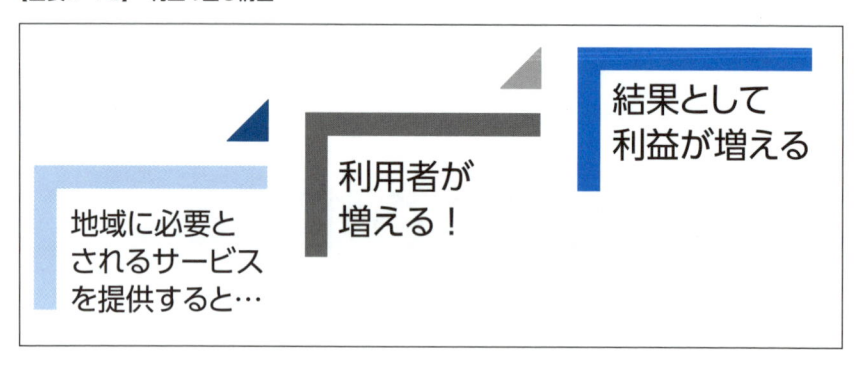

地域に必要とされるサービスを提供すると… → 利用者が増える！ → 結果として利益が増える

　だからこそ、経営者側の人は、もしも自分が要介護者だったら、自分の事業所のサービスを他のどこよりも使いたいかを考えてみるのである。同じよ

うに、もしも自分が介護事業所に履歴書を送ろうと考えていて、自分の事業所に履歴書を送りたいかと考えてみる。ここのところは、とても重要である。ぜひ、職員の皆さんで時間を取って、各々の職員の方が、自分たちの事業所を使いたいか、使いたくないか、その理由はなにか、使いたくなるにはどうすればよいかをざっくばらんに話し合ってみてほしい。そこで出た意見をどんどん紙に書いていこう。この時に、人の意見に、そうだの、違うだのと、意見を言ってはいけない。次々に、考える時間もないように、順番にどんどん言っていくのである。それを、できればポストイットなどに書き込んでいく。ある程度出尽くしたら、そのポストイットを、似ている意見ごとに重ねて貼っていく。一番多く貼られたところが今の事業所の状態である。何が強みで、何が足りないかが導き出されてくる。今度は、その事業所の状態をどうしていけばよいかを同じように意見を出し合っていくと、自ずと何をすべきか、何が今からできるかという答えが導き出されて、参加した皆さんがその場で理解できてしまう。簡単なので、ぜひやってみてほしい（この方法は、ブレーンストーミングやKJ法などと呼ばれる）。

第2章 介護報酬依存体質からの脱却

1. 介護事業所のコンビニ化

　これは、私の講演や著書で何度も触れている概念であるので、もう聞き飽きたという方も多いと思う。そのような方は、復習の意味で読んでみてほしい。**図表Ⅳ-2-1**の図の通り、なんと、デイサービスだけでも、3大コンビニエンスストアの店舗数の合計を軽く上回ってしまっているのである。これがコンビニ化の一つの意味である。もう一つの意味は、ここまで事業所数が増えてしまっては、外から見ると、皆同じに見えてしまうというのが、コンビニ化のもう一つの意味である。外から見ると、事業所があまりにも多すぎて、事業所ごとの違いはほとんどわからないのである。事業所の経営者や職員の皆さんは当然わかっていると思う。自分たちの事業所と隣の事業所の違いを誰もがすぐに言えなかったら、それはそれで大きな問題である。例えば、訪問介護はセブンイレブンに見えていて、通所介護はローソンに見えているという意味をコンビニ化という言葉に含んでいる。要は、どこを使っても同じでしょうということ。ここの部分が、介護事業所の自己アピールであるブランディングと差別化の重要性といえるのである。

　介護保険法がスタートした2000（平成12）年には、介護サービスを提供する事業所は社会福祉法人と医療法人しかなく、まだまだ事業所数が絶対的に不足していたので、その不足を補う意味で営利法人の業界参入が認められたのである。行政はとにかく事業所の「量」を求める政策を実行したのであった。ご存じだろうか。介護保険事業と同じ許認可事業である、建設業や人材派遣業など、他のほとんどすべての許認可の基準に財産要件という自己資本比率や預金残高の条件が必ずあることを。ゆえに、指定の更新の時には赤字が出せずに会計事務所に黒字の決算をお願いするところが多

いのである。

　介護保険の許認可には財産要件がないため、新設の法人でも他の基準さえ満たしていればすぐに事業所番号が降りるし、6年に一度の更新でも、決算書が真っ赤っかの大赤字でも問題なく更新できてしまうのである。他の許認可では想像もできない好条件なので、新規で参入しやすいのである。結果として、それから10年余りで、介護サービスの種類によっては、飽和状態の事業所数にまでふくれあがってしまった。しかし、すでに、事業所数の不足を補うという法制度創設当初の目的は達せられているために、今後は、国が進めようと考えている小規模多機能型や定期巡回・随時対応型などのサービスを除いて、「量」はまったく必要ないのである。同じようにケアマネジャーも増えすぎた。ここ最近のケアマネジャー試験の合格率が急降下している。ケアマネジャーを増やすには合格基準を下げれば合格率が高くなって、ケアマネジャーは増える。今は逆に合格ラインが高くなってケアマネジャーの数を絞ろうとしている。さらに、今回の制度改正で受験資格を法定資格者に限定していく。これからは、確実に介護事業所の「質」と「事業規模」を

【図表Ⅳ-2-1】　介護サービス事業所数とコンビニエンスストア数

2014年7月介護報酬請求事業所数

訪問介護	31,974	
通所介護	40,348	（うち、小規模22,081）
居宅介護支援	37,593	
計	109,915	

厚生労働省：介護給付費実態調査月報（平成26年7月審査分）

2014年7月コンビニ店舗数

セブンイレブン	16,764
ローソン	10,263
ファミリーマート	10,847
計	37,974

各FC本部ホームページ公表データ

求める政策に転換していく。その場合、当然ではあるが露骨に廃業を求めることはない。それは社会問題に発展してしまうからである。このような場合、制度改正や指導強化によって、質の劣る事業所や事業拡大の力のない事業所を自然淘汰に向かわせることは、過去の歴史が証明している。

2. 経営のリスク分散を図る

こうしたときに、一番、経営のリスクが高いのが、介護保険制度のサービスだけを専門でやってますという介護報酬依存体質の高い事業者で、かつ、一つのサービスに専業で取り組んでいる専業特化型の事業者である。理由は、制度改正や介護報酬改定の逆風をもろに受けるからである。今回は、予防サービスとデイサービスがそれにあたる。ここまでの大きな単独サービスの制度改正は今までになかった。要支援者中心で小規模のデイサービスでは、今後の存続の心配をしなければならないほどの大改正である。小規模型で、民家を利用したデイサービスは、民家を賃貸で使うことで新築や改築などの設備投資を最小限の抑えることができて、介護報酬はもっとも高い報酬単位を得ることができる、最小限の投資で最大の収入を得ることができる投資効率の高い介護事業ということで一番人気のサービスであったが、今度の制度改正でそのメリットが失われてしまった。それ以上に、許認可制限を受けることが一番厳しい。新規の許認可とともに、拠点展開による事業拡大が難しくなったのだから、これはビジネスモデルが崩壊したといってよい。しかし、デイサービスの他に、訪問介護や訪問看護、グループホームなどを手がけていたらどうであろう。デイサービスが、一時的に経営が悪化して厳しい状態になっても、ほかのサービスの収益で厳しい時期を支えることができるし、他のサービスで支えることでデイサービス事業も早期に立て直すことができる。これをリスク分散という。会社経営の鉄則として、経営リスクの分散は必ず行わないといけない基本中の基本である。

私は、もともと会計事務所にいたので、地元のいろいろな会社を見てきたし、経営指導をしてきた。そのようななかで、小規模な会社は特に、取引先が一つか二つ程度の会社も多かったのである。いわゆる下請けというところである。その会社は、取引先である親会社の景気が良いときは、その会社

も売り上げをどんどん伸ばしていく。しかし、その取引会社の業績が落ち込んだときは大変である。さらに、その取引先が倒産などしたら一緒に倒産である。そのような会社をいくつも見てきた。介護事業でいう親会社は国である。国が景気の良いときは順風満帆で事業が拡大するが、財政が悪化して厳しい状態のときは真っ先に制限が強化される。これではいけない。

これからの介護事業の経営では、経営する事業規模の多角化、拡大策を取ることと、混合介護を進めることがとても大事である。混合介護については、先の第Ⅲ編で解説してあるので、そちらをお読みいただきたい。ここでは、事業規模の多角化、拡大策の説明に移る。

3. 事業規模の多角化、拡大策

先に、これからは、確実に介護事業所の「質」と「事業規模」を求める政策に転換していくと書いた。厚労省は介護職員の処遇改善に取り組んでいる。しかし、同時に、事業規模の大きな介護事業所は給与や教育研修といった処遇の問題はあまりない。問題は、事業者の過半数を占める小規模な事業所にある。小規模な事業所は、利益の確保も小さく、給与面もランク的には下の方となり、職員の教育訓練にも十分に資金を回すことができないので、職員の専門的な能力も低いままである。さらに職員数も限られているので、非常勤の職員が中心でキャリアアップの余地もほとんどない。しかし、デイサービスの小規模の報酬などは最も高く設定されていて、国の給付負担が大きい。当然、何らかのメスが入れられる部分なのである。

参 考

厚生労働省の訪問看護支援事業に係る検討会審議会資料の記載では「スケールメリットを活かした経営の安定化・効率化が図れるよう、事業所の規模拡大が望まれる。さらに事業所の規模拡大により、夜間や早朝を含めた定期や緊急時の訪問の安定的な実施、各種研修への従事者の参加機会の確保、従事者にとって十分な休暇の取得等が可能となることから、利用者・患者に対するサービスの質の維持・向上を図ることが見込まれる。」と記載された。また、厚生労働省の社会福祉法人の在り方等に関する検討会における社会福祉法人制度の在り方について（報告書）では、「単独施設法人であるなど、法人が小規模であることが社会福祉事業の実施に当たって支障になるというものではない。しかしながら、利用者や地域のニーズに対応し、複数の事業を展開することは、法人の規模拡大につながり、資金の効果的な活用や職員の適切な異動を可能とし、さらには新たな福祉ニーズへの柔軟で機動的な対応にも途を拓くものである」と記載されている。

規模の拡大とともに、介護事業所が真剣に取り組むべき課題が、事業の多角経営化である。その一つの理由は、経営のリスク分散であることはすでに書いた。もう一つの理由は、利用者のニーズにトータルに対応することである。訪問看護というサービスがある。このサービスは医療系のサービスで、一般の営利法人にとっては看護職員の募集の困難さと相まって、とても敷居の高いサービスと思いがちである。しかし、今後は在宅の重度者が増えることは明らかなので、医療行為のニーズが急増することと、介護職員が医療行為を行う場合も、アセスメントなどは看護職員が担当する必要がある。24時間定期巡回・随時対応型訪問介護看護等は訪問看護ステーションとの連携が必須など、これからの訪問看護サービスのニーズの増大を見こした場合、訪問看護ステーションの併設は避けて通れない拡大策になる。実際に私の周りにも、訪問看護ステーションを新規に開業するという話が、最近、急に増え始めている。
　複合事業化への取り組み例を考えてみよう。

【図表Ⅳ-2-2】　複合事業化──多角経営

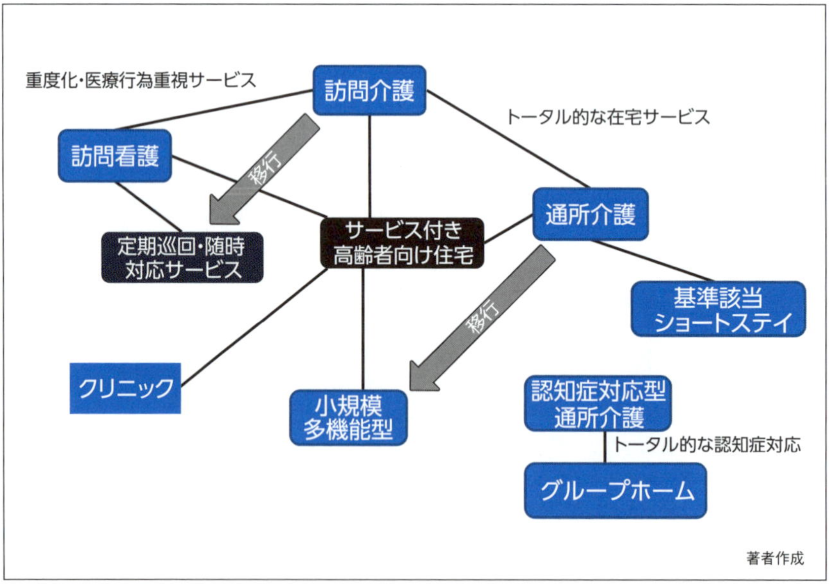

著者作成

訪問介護と通所介護の併設は今でも一般的である。ここに訪問看護を併設すると、在宅利用者の重度化と医療行為対応では大きな事業コンセプトにつながる。また、小規模多機能型や定期巡回・随時対応型訪問介護看護への転換も一案であるが、その場合はサービス付き高齢者向け住宅などの併設が望ましい。可能であれば、クリニックも併設すると医療・介護・住まいが1か所で利用できる地域包括ケアの具現化が実現する。デイサービスであれば、認知症対応デイサービスの併用によって、認知症を事業コンセプトに掲げた複合化が可能になる。さらにグループホームを併設すると、デイサービス〜認知症デイ〜グループホームという認知症対応の縦のラインが完成する。お泊まりデイサービスであれば、基準該当ショートステイや小規模多機能型、一歩進んで、サービス付き高齢者向け住宅という選択肢もある。ここでのポイントは、対象となる利用者層をできるだけ絞り込んで、提供するサービスラインを縦に明確に構築することが大切である（**図表Ⅳ-2-2**）。

4. 24時間サービスへの取り組みが急務

　これからの時代は、地域包括ケアの実践が進むと、重度の要介護者が病院には長期間の入院ができず、介護施設も老健は在宅復帰率の関係で、短期間で退所となり、特養は待機者が多くてなかなか入居できないために在宅で過ごすことが多くなる。今、在宅サービスの利用者は要介護1〜2の軽度者が6割を占め、要介護3まで加えると、実に80％が軽度の利用者であるというデータがある。この理由も明確で、今の時代は、重度になると病院に入院するか、施設に入所するので、結果として在宅で過ごす利用者は軽度者中心になる。在宅で過ごす利用者が軽度者中心なので、結果として在宅事業者の利用者は軽度者が大部分となってしまう。しかし、今後は重度者が在宅で過ごす機会が増えるので、在宅サービスの利用者も重度化することになるのである。その場合、重度者は寝たきりの方が多いため、1日の中で定期的におむつ交換や体位変換、そして痰吸引などの医療行為を行う必要がある。このときに、私たちの事業所は9時から18時までで、夜間は体位変換や痰吸引はできませんので、明日の朝になったら来ますね、などとはできるはずがないのである。在宅サービスも24時間化が急務になる。

5. 商業の発展の教訓

　商業の発展を思い出してほしい。最初は小規模な小売店が中心であった。そのうち、人が多く集まる駅前などに商店が集中するようになり、商店街が形成されていく。私が子どもの頃は、お店は10時にならないと開かなかったものである。そして17時にはシャッターを下ろしている。ある意味、平和な時代だったと思う。そのうちに、スーパーマーケットができた。そして、コンビニエンスストアが出現する。しかし、コンビニエンスストアは、最初は朝の7時から夜の11時までが開店時間で年末年始はお休みであった。それがセブンイレブンの由来である。そのうちに、同種のコンビニエンスストアが出てきて、競争が起こり、営業時間がどんどん延びていく。そして、今の24時間365日営業が普通の状態になったのである。スーパーマーケットは大店舗化が進み、郊外型のショッピングモールに進化していった。商業の中心が駅前から、郊外の大型店舗を核としたエリアに移行するなかで、駅前の商店街は衰退して、シャッター街となっていった。小さなスーパーマーケットは大店舗との競争に敗れて廃業していったのである。時代の移り変わりは本当に早い。そして、この商業の移り変わりと近いような道を介護事業の業界も辿っていくであろう。ショッピングモールは非営利ホールディングカンパニーか、それに類似する形態で近い将来、サービス付き高齢者向け住宅を中心として、医療施設と介護施設、在宅サービスさらには保育所などが併設された複合サービスエリアが全国各地に出現するだろう。そのような構想はかなり前から聞いていたし、相談も受けていたが、時期尚早という判断で、計画で終わったものが無数にある。しかし、非営利ホールディングカンパニーの構想が具体化することで、一度は消えた計画が、再び復活する日はそう遠くないのではないだろうか。では、セブンイレブンのようなコンビニエンスストアはどうなのか。それは、在宅の介護事業者が向かう方向であろう。最近の大きな話題であるローソンの介護コンビニは素晴らしいアイデアの実現と思う。介護事業はベンチャー事業になりえるであろう。これから、今まで予想もしなかったアイデアが満ちあふれ、大きく形を変えながら、自由競争市場のなかで発展するのが介護サービス業である。そのとき、あなたの事業

所は、どうなっているだろうか。駅前のシャッター街だろうか、コンビニエンスストアだろうか、ショッピングモールの中だろうか。

6．プロとしての自覚による自費サービス

　市町村の総合事業は第Ⅱ編に記した通り、主にボランティアスタッフの主戦場となり、介護事業者は次第に身の置き場が狭くなっていく。

　しかし、考えてみてほしい。ボランティアスタッフは、残念ながら、アマチュアである。それに対して介護サービスはプロの仕事である。ここは重要なところである。プロの仕事に慣れた利用者がアマチュアであるボランティアスタッフの仕事に満足はしない。これからの高齢者は退職金が満額支給され年金支給額も高い。全額自費でも従来通りのサービスを求める利用者は少なからず存在する。そこは、新しい市場となる。プロの自覚をもって新しい市場を開拓してほしい。

第3章 これからの介護事業経営

1. 団塊の世代のニーズへの対応

　団塊の世代は、1947（昭和22）年〜1949（昭和24）年の3年間に生まれた世代で約700万人の大きな年齢層の世代である。団塊の世代は2015（平成27）年にはすべて65歳を迎え、2025（平成37）年には75歳の後期高齢者になる。これまでの利用者の中心層は、戦中戦後世代（1910〈明治43〉〜1935〈昭和10〉）から、プレ団塊の世代（1941〈昭和16〉〜1946〈昭和21〉）であり、これからは利用者の世代交代が現実になる。団塊の世代は、ビートルズ世代とも呼ばれ、学生運動、高度成長期、バブル期をリアルタイムで経験した世代である。この世代の特徴は、団塊の世代の退職金・厚生年金はほぼ保障されるため、豊富な時間と資金力があり、健康でわがままな世代（アクティブエイジング）であるといわれる。この新しい利用者層にいかに満足してもらえるサービスを提供できるかが、大きなポイントとなってくる。そしてそれは、今までの最低限の定食サービス（介護保険サービス）ではなく、三つ星〜五つ星クラスのオーダーメイドサービス（介護保険外サービス）が求められるのであろう。

2. 制度改正と成長分野

　一般の会社経営であれば、新サービスの開発と顧客開拓に集中して、売れる商品を見つけ、その売り上げで出た利益を再び新サービスの会社に回すというサイクルを繰り返すだけで十分なのである。しかし、許認可事業である介護事業は、制度改正や介護報酬改定によってそれまで築いてきた基盤やノウハウが一夜にして崩壊してしまう。そのため、今と同じ経営環境を5年先、10年先も維持し、継続し続けることは不可能といえる。そのことは、

今回の制度改正で嫌というほど理解させられた。介護事業の分野は成長分野といわれている。成長とは、絶え間なく変わり続けることである。経営陣もその変化のスピードに追従する能力が求められていて、同時にリスク管理対策も適時に行う必要があるという、非常に過酷な経営環境にあるのが介護サービス事業の経営である。そのため、より強い経営マネジメント力を身につけることと、信頼できる介護事業経営の身近なブレーンを見つけて上手く活用することが大事である。

3. 介護サービスの見える化

　デイサービスは、お泊まりデイ、リハビリデイ、アミューズメントデイなどいろいろなコンセプトの提供形態ができてきて、多様化と差別化が顕著に行われている。それに対して、訪問介護などの訪問系のサービスは、多様化がまったくといってよいほど起こっていないのではないだろうか。これはなぜか考えたことはあるだろうか。デイサービスは、開放的な事業所の中で、複数の利用者に対して、複数の職員がサービス提供にあたるサービスである。つまり、誰が何をしているかが管理しやすいという大きな特徴がある。それゆえに、デイサービスの介護職員は初任者研修修了などの資格が必要ないのである。非常にオープンな環境のサービスで、管理しやすいことから、サービスを多様化しても安心して管理ができる。誰かが見ているから、職員の間違いもリアルタイムで正すことができ、利用者の動きや表情を見ることができるので、サービスに満足しているか否かの状況把握がしやすい。それに対して、訪問介護は利用者のお宅での、密室の中でのサービスとなっている。職員のサービス提供の状況も、利用者の様子も見ることができないから、管理といっても、報告書の中でしか、状況を把握することができない。そのために、訪問介護は多様な形でサービスを提供する余裕がない。何か事件や事故につながっても防ぎようがないのだから、余計なことはやらないに越したことはない。これが、しっかりと外部から様子が見えていて、管理が可能なのなら、たぶん秋葉原などでは、メイド姿で訪問するメイド訪問介護などが出ているかもしれない。もちろん、冗談だが。しかし、言いたいことはそういうこと。そうすると、訪問サービスの問題は、クローズ環境で、職員の行動

が見えないということに尽きることになる。であるならば、見えないものを、いかに見えるようにするかが、訪問サービスの大きな差別化につながる（**図表Ⅳ-3-1**）。これが実現したら、ケアマネジャーも安心してケアプランにその事業所を位置づけることができると考える。もちろん、利用者の部屋にインターネットカメラを取り付けて、ネットで見られるようにすれば、「見えない」をストレートに「見える化」することになるが、間違いなく個人情報の問題で警察沙汰になる。だったら、どうやって、「見えない」を「見える」ようにするかが問題になってくる。現実的には、それは手厚い報告書がその役割を果たすのではないだろうか。報告書など、すでにやっているといわれると思うが、本当に時間の細部から、利用者の様子や言動までを事細かに可能な限り記載された報告書は作っていないのではないだろうか。作ろうとしても、介護職員が嫌がって作らないと思うであろう。しかし、だからこそ、他でどこの事業所もやっていないから価値がある。その報告書は残業代を払ってでも、介護職員に作成させることができたなら、間違いなく、ケアマネジャーからの新規の依頼は急増するであろう。それで、新規の利用者が増えるのな

【図表Ⅳ-3-1】 見える化

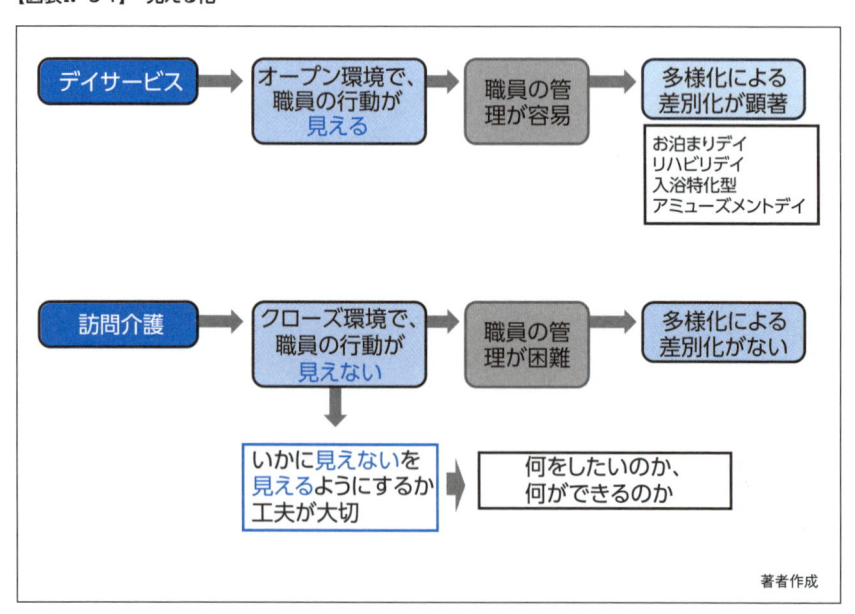

デイサービス → オープン環境で、職員の行動が見える → 職員の管理が容易 → 多様化による差別化が顕著
　　お泊まりデイ
　　リハビリデイ
　　入浴特化型
　　アミューズメントデイ

訪問介護 → クローズ環境で、職員の行動が見えない → 職員の管理が困難 → 多様化による差別化がない

　↓
いかに見えないを見えるようにするか工夫が大切 → 何をしたいのか、何ができるのか

著者作成

ら、残業代など小さな出費となるのである。

4. 介護保険制度を知らない人々へ

　某市の委託事業で定期的に地域住民への介護セミナーの講師を担当させていただいたときのことである。その日、10人ほどのご参加であっただろうか、介護保険の仕組みについて90分ほど話をさせていただいた後、ご質問をお受けする時間になった。一番前に座られていた男性が、今も鮮明に覚えている質問をされたのである。「介護保険って、使ってもいいのですね……」その方は、もう80歳を超えていたのだが、若い頃は奥様から毎日のように「あんたが介護になっても、私は絶対に世話はしないからね！」と言われ続けていたそうである。今、その奥様が要介護状態となってしまい、80歳のご主人がご自宅で介護を続けていたとのことであった。典型的な老老介護である。しかし、ご自分も80を超えて先々に不安を抱かれて、悩んだ末にそのセミナーにご参加されたそうである。ご本人にとって、介護保険を使うのは恥だ、近所の笑いものになるという意識が強かったようである。私のセミナーでは、介護保険は40歳以上の方は介護保険料を払っているのだから、病院に入院したら生命保険から入院給付が出る、自動車事故を起こしたら自動車保険から賠償保険が出る、それと同じように、介護保険は要介護状態になったら、保険事故として使うことのできる権利ですといったようなことをお伝えしたのである。その方にとっては、措置の時代の介護から時代が動いていないようであった。実は、このような方がとても多いという現実を見る。行政は積極的に介護保険サービスを使うことのアピールは最小限しか行わない。できるだけ使ってほしくないのが本音だからであろう。マスコミの報道も、介護保険を知っているのが前提で物事が動いている。しかし、この事例のように、まだまだ介護保険制度をご存じない方が世の中にたくさんいらっしゃることを知ってもらいたい（**図表Ⅳ-3-2**）。

　そして、ケアマネジャーへの営業活動のために事業所通信などに力を注ぐのも大事であるが、地域住民への直接の還元、やさしい介護セミナーや情報提供などを率先して行うことも大切な役割だと思っている。誰かがやるだろう、ではなく、自分が動かないといけない、であろう。

【図表Ⅳ-3-2】 介護保険制度の歴史が浅いゆえの内外のギャップ――何をしたいのか、何ができるのかを伝えていない

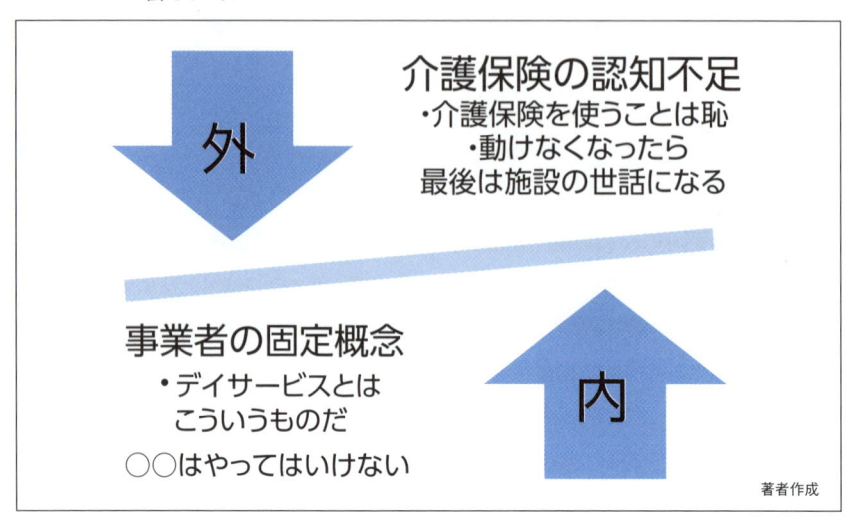

```
               ↓外
        介護保険の認知不足
         ・介護保険を使うことは恥
         ・動けなくなったら
          最後は施設の世話になる


  事業者の固定概念
   ・デイサービスとは
    こういうものだ              ↑内
   ○○はやってはいけない
                                    著者作成
```

5．介護報酬のアップを期待してはいけない

　一般的には需要と供給の関係で、求められている商品の価格が上がるのが自然である。最近話題の妖怪ウォッチグッズの騒動がそれである。おもちゃのメダルなどが品薄となり、親が数日前から長蛇の列を作って、買えた買えないで一喜一憂する。昔で言えば、たまごっちだろうか。需要が大きくて、供給が少ないケースの典型である。

　介護事業の場合は、介護報酬単価は全国一律で同じである。地域区分の反映で若干の差が出るくらいである。介護報酬では、時間だけが評価されて、その事業所のサービスの質による評価は介護報酬単価に反映されない。どこの介護事業者の利用料金も同じ料金で一律であるので、介護報酬が上がることによって、利用者のサービス内容の選別眼が厳しくなるのは当然である。また、利用者は年金収入しかない方が大部分なので、1か月の間で使えるお金は決まっている。介護報酬の改定で、報酬料金が上がると介護事業者は喜ぶことであろう。それは、同じサービス量で収入が上がることを期待するからである。しかし、利用者の使えるお金は決まっているので、同じサー

ビスで料金が上がった場合は、やりくりが生じて、サービス利用を抑えられることが考えられる。そうなると、報酬料金が上がると、サービス量を減らされるから収入は同じという結果になるのではないだろうか。介護事業経営者は、介護報酬の改定での増減の一喜一憂することよりも、介護報酬に頼らない経営を目指すべきである。それは、混合介護であり、多角経営という規模の利益の追求に他ならないのである（図表Ⅳ-3-3）。今の事業所の財（ヒト、モノ、カネ）で、何ができるか、何をしたいか、何時までにしたいかを明確化にしていくことが、その第一歩である。できることはすぐに、今の財ではできないことは、どうすればできるか、いつまでにやるかをハッキリとさせよう。

【図表Ⅳ-3-3】 介護報酬依存体質からの脱却と介護保険外サービスへの取り組み強化

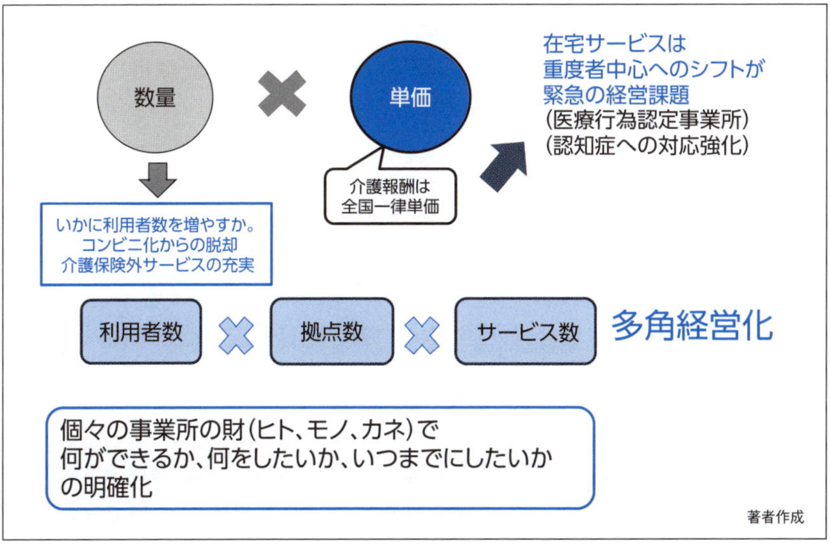

数量 × 単価

在宅サービスは重度者中心へのシフトが緊急の経営課題
（医療行為認定事業所）
（認知症への対応強化）

いかに利用者数を増やすか。
コンビニ化からの脱却
介護保険外サービスの充実

介護報酬は全国一律単価

利用者数 × 拠点数 × サービス数　多角経営化

個々の事業所の財（ヒト、モノ、カネ）で
何ができるか、何をしたいか、いつまでにしたいかの明確化

著者作成

6. 在宅サービスの新ビジネスモデル

　介護事業所には、それぞれの個性があるし、財（ヒト、モノ、カネ）にも大きな違いがあるので、一概に、対策はこうすべきだとは言えないのは最初に書いたとおりである。ここでは、新しいビジネスモデルの一例をお示しする。

これができるできないは別にして、参考としてお読みいただければと思う。

　小規模型のデイサービスは、今回の改正で地域密着型への移行となり、許認可制限や利用者の地域制限、そして運営推進会議の開催義務によって常に外部からのチェックを受けるなどの大きな変更がある。また、今後予想される、レスパイト型（長時間のお預かり方）のデイサービスへの低評価の報酬減が、前回の2012（平成24）年改正同様に起こるだろう。さらに、地域密着型の新報酬体系での報酬減が予想され、今後の改定を含めて大きな報酬減となる可能性が高まっている。この場合、小規模デイで問題となるのは人件費率の急増である。今でもデイサービスの人件費は経費全体の6～7割を占めている。これは、定められた人員基準、配置基準以上に人を多く配置して、手厚い介護を謳った事業所が大部分だからである。大改正、大報酬減時代の事業経営のポイントは、「いかに最大の定員利用者を最低の配置職員で満足度を高めるか」になる（図表Ⅳ-3-4）。定員10人であれば、その日の利用者を最低の配置人数である、生活相談員1人、介護職員1人、一定の割合で機能訓練指導員0.2～0.5人で、十分に満足いただけるサービスを提供することが必要になってくる。そのときに問題となるのが、職員の急な休みや遅刻早退である。「子どもが急に熱を出しまして……」よくあるケースである。その日の朝に、このような電話が入っても、すぐに別の職員を手当てするのは至難の業である。その日だけの欠勤なら何とかなるにしても、急な退職につながった場合は、しばらくの間、毎日が配置人員不足で、長期間の場合は行政処分になりかねない。

　そのときに、併設の事業所として、訪問介護や訪問看護を運営していたら、そちらから代替の職員を手当てすることが可能になる。急な休みなどでの配置義務違反のリスクをグループ内職員で賄うシステムが構築できる。またグループ事業所を拡大するメリットは、職員募集時の優位性や、合同職員研修の実施で外部の講師を効率的に呼べる、利用者管理や請求事務などの管理機能の集約など、計りしれないのである。そこに、介護保険外のサービスを提供していけば、大きな収入増も期待でき、介護保険外のサービスの人員募集にも、事業規模と研修制度の充実は非常に有利である。

　繰り返しになるが、今の事業所でお持ちの財（ヒト、モノ、カネ）で、何がで

きるか、何をしたいか、いつまでにしたいかを明確化にしていくことが、大切である。

【図表Ⅳ-3-4】 在宅サービスの新ビジネスモデルの一例

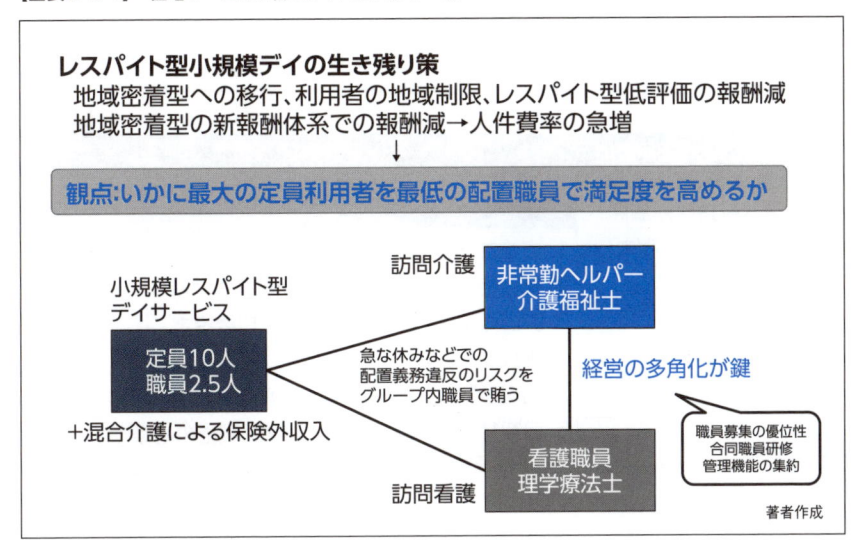

```
レスパイト型小規模デイの生き残り策
  地域密着型への移行、利用者の地域制限、レスパイト型低評価の報酬減
  地域密着型の新報酬体系での報酬減→人件費率の急増
                    ↓
  観点:いかに最大の定員利用者を最低の配置職員で満足度を高めるか

                    訪問介護      非常勤ヘルパー
  小規模レスパイト型                 介護福祉士
  デイサービス
                    急な休みなどでの
    定員10人          配置義務違反のリスクを    経営の多角化が鍵
    職員2.5人         グループ内職員で賄う
                                    職員募集の優位性
  +混合介護による保険外収入            看護職員     合同職員研修
                                    理学療法士    管理機能の集約
                    訪問看護
                                           著者作成
```

7. 経営計画を作る

　さあやろう、頑張ろうと言葉だけでは人は動かない。どうすればできるか、いつまでにやるかをハッキリさせるためには、5年先には、こうなっていたい、そのためには、3年後までにこうする、そのためには、今年1年は何をしなければならない——このことを可能な限り、数字で表して、それを言葉で伝え、経営計画を作ることが大切である。これで経営ビジョンを明確にしていく（**図表Ⅳ-3-5**）。

　経営計画と聞いただけで、「またか……」「そんなこと、顧問に会計事務所から毎回言われてるけど……」このような、気持ちが湧いてきたであろう。そして、できない、やらない理由も浮かんできたであろう。その気持ち、わかるのである。

　しかし、計画にそって仕事することは、介護サービスでは当たり前である。介護サービスは介護計画がないと提供できない。介護計画以外のサービス

を行っても請求できない。上手くできているか、修正すべきことはモニタリングを行って、定期的に進行状況のチェックをしている。また、計画の作成前や、計画の変更時には必ずアセスメントを行って、利用者の状況、問題点、

【図表Ⅳ-3-5】　今後5年間の経営ビジョンの構築

5年後の姿を明確に
1. 現状維持or新展開?
2. 重度、医療行為は?
3. 複合事業化は?
4. 総合事業は?
5. 拠点数は?
6. 地域での役割は?

3年後の目標設定
1. 事業コンセプト
2. 有資格者数
3. 許認可事業
4. 併設サービス
5. 利用者数と稼働率
6. 自費サービス

今、何をすべきか
1. 経営ビジョン
2. 個人目標設定
3. 利益率の確保目標
4. 月間新規利用者目標
5. 戦略と戦術の構築
6. 職員と共有し、約束

著者作成

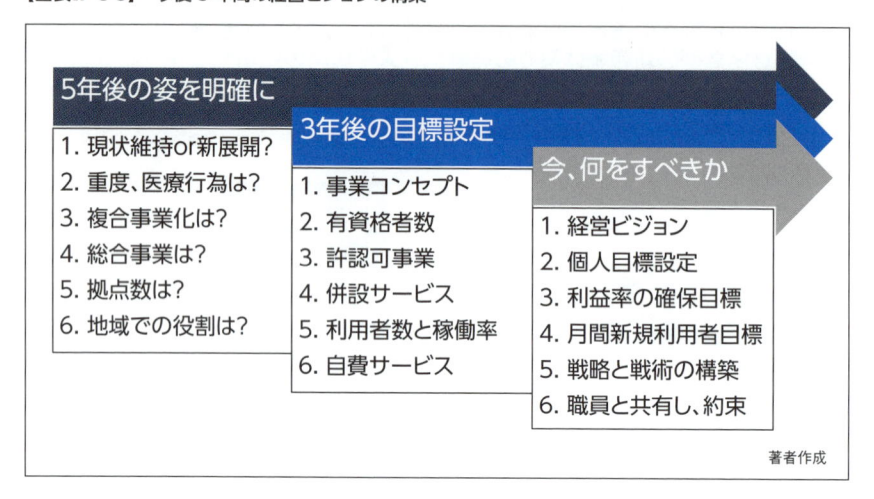

【図表Ⅳ-3-6】　現場レベルでは日常的にPDCAサイクルを実施　職員ができて、なぜ経営者ができないのか

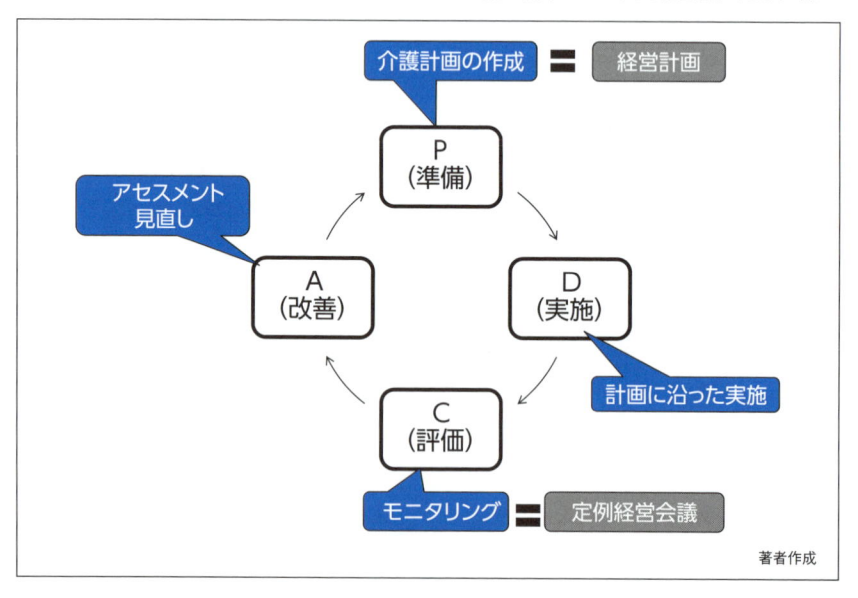

介護計画の作成 ＝ 経営計画

P（準備）→ D（実施）→ C（評価）→ A（改善）

アセスメント見直し
計画に沿った実施
モニタリング ＝ 定例経営会議

著者作成

現状などや希望を確認し、分析して、目標を作るであろう。その目標の達成のために、介護サービスを計画していくであろう。これが普通のこととして、職員さんが普通にやっておられる。

しかし、職員を指導すべき経営者が、経営計画もない状態で事業所を運営していたとしたら、これは示しがつかない。それは、介護計画もなく、サービス提供をしているのと同じことである。ここのところをご理解いただけたら、経営計画も作らずに経営をしていることの非常識さをおわかりいただけるのではないかと考える（**図表Ⅳ-3-6**）。

8. 個性を作り、外に向けて発信する

コンビニエンスストアと同じくらい、介護事業所があることは先に書いた。今のままだと、大勢の中に埋没して目立たない。目立たないと、利用者も見つけてくれず、職員も応募してくれない。事業コンセプト、差別化をしっかりと明確にして、外にそのことを教えてあげることが大切である（**図表Ⅳ-3-7**）。差別化とは、あなたの事業所の個性のことである。人は一人一人、個性が違う。だから、人によって好き嫌いがあるし、違いがわかる。「自分たちの事業所は何ができて、何を提供しているか」をしっかりと見つめ直して、簡

【図表Ⅳ-3-7】 差別化で一番大事なもの

事業所の個性

自分たちは何ができて、
何を提供しているか

そして、その事実を
それをいかに外に伝えるか

なぜなら、周りはそのことを知らないから

著者作成

単な文章にしてほしい。そして、そのことを、どうやって外に伝えるかを真剣に考えよう。なぜなら、周りはそのことを知らないからである。

では、簡単な質問を**図表Ⅳ-3-8**に書いてみたので、1問を1～2分程度で回答してみてください。もしも時間がかかったり、書けなかったところがあったら、そこが原因で、新規の利用者がなかなか増えず、職員を募集しても履歴書を送ってくれないのだと考えられる。まずは、そこから改善していく。

【図表Ⅳ-3-8】 次の3つに答えてください

1．あなたの事業所で最も自慢できる提供サービスを書いてください

2．その理由を簡単に書いてください

3．そのことをチラシやホームページにわかりやすく書いてありますか

著者作成

おわりに

　介護事業者様は、今の事業所をここまでにされるのには、大変なご苦労と、時間と、汗と、涙を注いでこられて、多くのものを犠牲にしてこられたことでしょう。だからこそ、今がおありなのです。そのようなご苦労の結晶である事業所を、今のまま続けていきたい、今の事業所を守っていきたいというお気持ちが人一倍お強いことは推察できるのです。

　しかし、本書で示したように、今までの制度自体が崩壊して、新しい制度ができると思ってよいほどの今回の大改正です。今後の介護報酬改定も相当大きな改定となるでしょう。残念ですが、今のままで続けていくことは不可能です。もし、目や耳を閉じてその場に座り込んでしまったら、気がつくと浦島太郎になっているのです。だからこそ、今までの事業所をベースにして、制度改正に合わせて変わらないといけないのです。

　それは、できることからで大丈夫です。何も、急ぐことはありません。今日から少しずつ、前に進んでいってください。でも、休んだり、止まったりしてはいけないのです。できることを、できるときから、日々少しずつ変えていく、そのことをお伝えしたくて、本書を執筆しました。

　ぜひ、読者の皆さんには、今されている、すばらしい介護サービスを、すばらしい事業所を、すばらしい職員を、5年先、10年先には、もっと、もっと良いサービス、事業所、職員にしていただいて、利用者さんのために、職員のために、そして経営者ご自身のために続けていっていただきたいと心から祈念します。

　最後に、この言葉をもって、筆をおきたいと思います。

最も強い者が生き残るのではなく、
最も賢い者が生き延びるのでもない。
唯一生き残るのは、変化できる者である。

（ダーウィンの進化論）

小濱　道博

参考文献

- 介護保険法（平成九年法律第百二十三号）（抄）（第六条関係）【平成二十八年四月一日までの間において政令で定める日・平成三十年四月一日施行】
- 介護保険法（平成九年法律第百二十三号）（抄）（第五条関係）【公布日又は平成二十六年四月一日のいずれか遅い日・平成二十七年四月一日・平成二十七年八月一日施行】
- 地域における医療及び介護の総合的な確保を推進するための関係法律の整備等に関する法律案 新旧対照条文
- 「地域における医療及び介護の総合的な確保を推進するための 関係法律の整備等に関する法律の施行に伴う関係政令の整備に関する政令」（平成26年政令第225号）
- 「地域における医療及び介護の総合的な確保を推進するための関係法律の整備等に関する法律の施行に伴う厚生労働省関係省令の整備等に関する省令」（平成26年厚生労働省令 第71号）
- 介護保険最新情報 vol.355　別紙2：介護保険制度の改正事項に関する考え方
- 「地域における医療及び介護の総合的な確保を推進するための関係法律の整備等に関する法律」の一部の施行等について（平成26年6月25日医政発0625第1号・社援発0625第1号・老発0625第1号）
- 「地域における医療及び介護の総合的な確保を推進するための関係法律の整備等に関する法律の施行に伴う厚生労働省関係省令の整備等に関する省令」の施行等に伴う留意事項について（平成26年6月25日老介発0625第1号・老振発0625第1号）
- 「介護予防・日常生活支援総合事業及び地域密着型通所介護に係る経過措置について」（厚生労働省老健局振興課事務連絡　平成26年6月25日）
- 全国介護保険担当課長会議資料　平成26年7月28日
- 健康保険法等の一部を改正する法律（平成十八年法律第八十三号）附則第百三十条の二第一項の規定によりなおその効力を有するものとされた同法第二十六条の規定による改正前の介護保険法（平成九年法律第百二十三号）（抄）（第七条関係）【平成二十七年四月一日・平成二十七年八月一日施行】
- 第5回医療法人の事業展開等に関する検討会資料　非営利ホールディングカンパニー型法人制度（仮称）について　厚生労働省
- 平成26年版高齢社会白書　内閣府　平成26年6月13日閣議決定
- 医療・介護等分科会 中間整理（案）　平成25年12月25日
- シルバーサービス振興会　訪問介護サービスにおける「混合介護」の 促進に向けた調査研究事業報告書
- 地域ケア会議推進に係る全国担当者会議資料　2013年9月20日
- 平成25年度地域ケア会議運営に係る実務者研修資料　2013年11月7日
- 厚生労働大臣が定める介護支援専門員等に係る研修の基準(平成十八年厚生労働省告示第二百十八号)
- 消防法施行令の一部を改正する政令（案）等に対する意見募集の結果及び政令等の公布平成25年12月27日 消防庁
- 社会福祉法人制度の在り方について　社会福祉法人の在り方等に関する検討会　平成26年7月4日
- 地域ケア会議運営マニュアル　平成25年3月一般財団法人長寿社会開発センター
- ＜地域包括ケア研究会＞地域包括ケアシステムの構築における今後の検討のための論点　平成25年3月　三菱ＵＦＪリサーチ＆コンサルティング
- 社会保障制度改革国民会議 報告書　平成25年8月6日
- 介護保険制度の見直しに関する意見　平成25年12月20日社会保障審議会介護保険部会
- 内閣府産業競争力会議第1回記者会見要旨　平成26年1月20日　甘利内閣府特命担当大臣
- 平成26年6月24日閣議決定　成長戦略「日本再興戦略」
- 平成26年7月4日　厚生労働省「社会福祉法人の在り方等に関する検討会」　社会福祉法人制度の在り方について（報告書）
- 訪問看護支援事業に係る検討会中間とりまとめ　厚生労働省　訪問看護支援事業に係る検討会審議会資料

● 著者略歴

小濱　道博(こはま　みちひろ)

小濱介護経営事務所代表。NKK一般社団法人日本介護経営研究協会専務理事。C-SR一般社団法人介護経営研究会専務理事。一般社団法人介護事業援護会理事。C-MAS介護事業経営研究会最高顧問ほか。介護事業経営セミナーの講師実績は、北海道から沖縄まで全国で年間200件。2013年は延10,000人以上の介護事業者を動員。全国の介護保険課、各協会、社会福祉協議会、介護労働安定センター等の主催講演会での講師実績も多数。介護経営の支援実績は全国に多数。著書：『2012〜2014年度対応　まるわかり！　介護報酬改定』『介護報酬制度／介護報酬請求事務　基礎知識の習得から実践に向けて（介護福祉経営士テキスト）』『介護福祉経営士　実行力シリーズ2　よくわかる　実施指導への対応マニュアル』（いずれも日本医療企画)、『これならわかる〈スッキリ図解〉介護ビジネス』（共著：翔泳社)、『人が集まり、喜ばれる！デイサービス開業・運営のしかた』（共著：秀和システム）

まるわかり！2015年度介護保険制度改正のすべて
もう介護報酬のアップは期待できない！
──ビジネスチャンスを拡げる個性化経営へ

2014年11月13日　初版第1刷発行

著　者　小濱道博
発行者　林　諄
発行所　株式会社日本医療企画
　　　　〒101-0033　東京都千代田区神田岩本町4-14
　　　　　　　　　　神田平成ビル
　　　　TEL. 03-3256-2861（代表）
印刷所　大日本印刷株式会社

ⒸMichihiro Kohama 2014, Printed in Japan
定価は表紙に表示しています。
ISBN978-4-86439-315-7 C3034

本書の全部または一部の複写・複製・転訳載の一切を禁じます。これらの許諾については小社までご照会ください。